AF344758

CONNEXION du CŒUR

Le POUVOIR de CRÉER
la VIE que vous souhaitez !

CONNEXION du CŒUR

Le *POUVOIR de CRÉER*
la *VIE que vous souhaitez !*

Marie-Josée Laquerre

© Éditions Hélène Jacob, 2024. Collection *Guides pratiques*.
Tous droits réservés.
ISBN : 978-2-37011-760-1
Éditions Hélène Jacob – 13 Impasse Victor Gesta – 31200 Toulouse
20,45 €
Imprimé par Amazon KDP
Dépôt Légal Novembre 2024

Design et conception de la couverture : Marie-Josée Laquerre
Montage de la page de couverture : Kim Trudel
Réviseure linguistique : Manon Laquerre
Conception graphique des tableaux de synthèse : Annie-Kim Verdon
Photographe : Michel Lafortune (photos de l'auteure)

*À tous ceux et celles que j'aime profondément, vous me comblez de « **Bonheur** » par votre présence. Oui ! Votre présence remplie d'amour a grandement contribué à la réalisation de ce livre, par votre aide compatissante et généreuse lors des moments plus difficiles ou de doutes au cours de ce processus rédactionnel.*

*Merci de tout « **Cœur** » de faire partie de ma Vie ! Merci à la guidance, « **Source de vie** », aux « **mentors** » et aux « **grands sages** » qui m'ont enseigné au cours de ma vie et qui m'ont donné l'inspiration des techniques de mieux-être contenues dans ce livre.*

Celles-ci me sont toujours fort utiles et nécessaires pour dépasser des peurs, libérer des blocages ou pour retrouver mon équilibre de vie lors des périodes déstabilisantes.

La pratique assidue de toutes ces techniques, appliquées en alternance, a un impact positif sur ma santé émotionnelle, physique, mentale et spirituelle.

*Une résultante favorable qui me permet de vivre, autant que possible, dans l'allégresse de la « **Connexion du Cœur** ». Ces outils efficaces me procurent un avantage significatif et heureux dans ma vie de tous les jours afin d'activer la création de ma petite « PME » de bonheur (mes petits bonheurs au quotidien) !*

MERCI la Vie !

« Choisir son Cœur, c'est choisir d'être heureux ! »

Marie-Josée Laquerre

Préface

Mot de l'auteure

Cher(e)s lecteurs et lectrices,

La rédaction de ce livre fut un pur bonheur pour moi, d'autant plus que je n'avais pas prévu d'en écrire un au cours de ma vie. J'avais bien des ambitions, mais pas celle-là !

*C'est au moment où je traversais la plus grande « **Transition de Vie** » de ma vie que ce projet a pris forme. Une année et demie, sans répit ni réel ressourcement, passant consécutivement d'une épreuve à l'autre. Je n'avais pas le temps de me remettre d'une situation qu'une autre, aussi difficile, survenait sans prévenir !*

Les enseignements reçus en écrivant ce livre m'ont été d'une grande utilité afin de passer au travers de tout ce que je vivais. Une situation qui me semblait être le plus grand bouleversement de ma vie. Les exercices suggérés que vous retrouverez au fil de votre lecture m'ont été d'une aide précieuse pour me guider vers les meilleures actions à accomplir afin de régler certaines situations problématiques de ma vie.

La pratique régulière de ces outils formidables m'a permis de libérer bien des émotions et tous mes « Trop-pleins », en plus de reposer mon esprit.

Trop-pleins d'anxiété, d'angoisse, de stress et de détresse que j'ai dû surmonter pour revenir au calme et être paisible face aux circonstances (pour ne pas dire Tsunamis !) qui se présentaient à moi et traversaient ma vie.

C'est en pratiquant la technique du « **Passage à vide** » que j'ai pu développer la Foi nécessaire qu'exige ce processus déstabilisant. Celui de vivre parfois un très grand vide intérieur, de subir plusieurs pertes, disparitions, abandons, de voir ses ressources intérieures s'affaiblir, de perdre ses repères, de devoir composer avec la solitude et de faire face à différents niveaux de deuils lors d'une « **Transition de Vie** ». Bref rien de trop trop réjouissant !

Cependant, au bout du compte, j'ai pu ressentir que la Vie serait toujours là pour m'aider, peu importe les aléas de la vie. Après avoir vécu plusieurs difficultés majeures lors de cette période, je peux maintenant affirmer avec certitude que la Vie a été bonne pour moi. Au-delà des circonstances, j'ai eu plusieurs confirmations et preuves de son soutien, que ce soit par de petits miracles de la Vie ou par la présence de personnes fidèles et sincères à mon égard, et ce, même en temps de grandes tempêtes.

♥ Petite histoire de cette « Transition de Vie » ♥

J'ai d'abord vendu mon Spa en Balnéothérapie et Massothérapie dont j'ai été propriétaire pendant dix-huit ans. Par la suite, il s'est avéré passablement difficile de commencer une nouvelle carrière, car les résultats et succès escomptés n'y étaient pas ! Et ce, malgré le fait d'y avoir mis bien du temps et d'importants investissements.

Au même moment, mon mari a lui aussi subi un changement de carrière majeur, après avoir œuvré vingt-cinq ans pour la même institution. Ceci s'imposait pour lui aussi, malgré nous. Tout cela a grandement déstabilisé notre couple, car notre situation financière devenait précaire pour les deux en même temps. Nous avons eu peur et sommes passés très près de perdre tous nos acquis et actifs immobiliers, fruit du travail des vingt années précédentes, avec pour résultat bien des nuits blanches à vivre angoisses et stress de tous genres.

Durant cette période, j'ai aussi vécu plusieurs deuils, neuf au total ; notamment les décès de trois oncles et tantes, trois amis proches de la famille, l'accompagnement en fin de vie de mon père, son décès suivi d'une succession familiale compliquée à gérer pendant dix mois, ainsi que la perte de ma grand-maman de 103 ans avec laquelle je vivais un réel attachement. De plus, notre animal de compagnie a aussi quitté ce monde. Notre belle petite chatte Maya que je considérais comme un membre de notre famille, tellement elle était présente par sa tendre douceur et son amour inconditionnel. On s'attache tellement à nos petits animaux !

Tous ces événements exigeants ont fait l'effet d'un gigantesque tourbillon de vie et d'un « **Passage à vide obligé** » nécessaire pour traverser une « **Transition de Vie** » et atteindre un avenir meilleur.

Je ne relate pas toutes ces épreuves de la vie pour me plaindre, même si au cours de cette transition je me suis souvent sentie prise en otage par la Vie, me considérant parfois comme une victime et incapable de m'en sortir. Le partage de tous ces événements personnels et vulnérables de ma vie est fait dans l'unique but d'exprimer que visiblement, la Vie est fragile pour tous. Même lorsqu'on se croit à l'abri des intempéries, la Vie peut soudainement basculer en un rien de temps.

Tout le monde a son lot d'épreuves et de difficultés à vivre dans son quotidien. Nous avons tous, à un moment ou l'autre de notre vie, à vivre une importante « **Transition de Vie** » et faire les changements qui s'imposent pour notre mieux-être. Lors de ces événements, la Vie nous montre qu'elle peut chavirer pour n'importe qui et malheureusement, la plupart du temps, au moment où on s'y attend le moins. C'est ce qui m'est froidement arrivé après plusieurs années de grande abondance, de joie et de bonheur. Il y a toujours un cadeau au bout de tout ça, mais quand on passe un mauvais moment, celui-ci est plus difficile à voir !

Pourtant, j'avais toujours eu la sensation d'avoir fait de mon mieux, ayant toujours donné beaucoup dans ma vie, à travers ma carrière, ma famille, mes amis et même pour des causes humanitaires avec grande générosité pour tout un chacun. Tout ça dans le but de « donner au suivant » l'abondance, la prospérité et le temps dont je disposais pour aider autrui comme je le pouvais, à ma manière. J'ai toujours partagé allègrement. Alors vous comprendrez que je me suis demandé à moult reprises pourquoi de si grandes épreuves se présentaient dans ma vie. Vous découvrirez la réponse au fil de la lecture du livre… Suspense !

Chose certaine, j'ai dû faire plusieurs deuils, en passant par chacune des étapes relatives à ceux-ci, vivre dans le détachement, apaiser, soigner et soulager graduellement mes tristesses, guérir le sentiment de manque de tous ces gens que j'aimais profondément, prendre beaucoup de recul face à tous ces événements et impondérables de la Vie, ainsi que lâcher prise sur la manière dont je vivais auparavant… Ouf ! Juste ça ! LOL !

Tout ça a exigé de moi de nombreux sacrifices et compromis de toutes sortes. Bref, bien du nettoyage ! Mais le résultat est surprenant ! Je dirais même bénéfique pour ce que j'en retire personnellement au bout du compte.

Ce livre se veut une aide précieuse pour toute personne qui vit un changement important dans sa vie.

Que ce soit concernant sa carrière ou sa profession, pour un choix d'orientation de vie différent, un déménagement de ville ou de pays, un ajustement familial ou conjugal, un problème de santé, des difficultés financières, un événement mondial inattendu ou encore un « Trop-plein » de la vie quotidienne, peu importe…

La « **Connexion du Cœur** » est un outil efficace et pratique pour aider à se recentrer chaque jour et se libérer de tout ce qui ne va pas dans notre vie ou de tout ce qui nous empêche de poursuivre notre route et chemin de vie vers nos objectifs de réalisation.

Les exercices que vous y découvrirez (que j'ai pratiqués pendant toute cette transition et que je pratique encore assidûment) me sont fort utiles pour me ramener à la bonne place ! C'est-à-dire dans la joie, l'amour, la santé, l'abondance, dans la vérité de mes aspirations profondes et dans un sentiment de confiance que je ressens face à la Vie.

En libérant tous mes « trop-pleins » de la vie, je me sens ensuite beaucoup plus apte à continuer ma route paisiblement et avec une grande conviction intérieure que la « **Connexion du Cœur** » fait réellement des « **Miracles dans la Vie** » pour moi-même et pour tout le monde !

En faire l'expérimentation apporte des résultats surprenants, des guérisons du cœur et le règlement de situations problématiques qui se transforment en situations heureuses ! Je pourrais écrire un livre complet, tellement il y a eu de petits miracles de la Vie qui se sont présentés à moi tout au long de cette transformation…

Je vous en souhaite tout autant ! Avec tout mon Amour du Cœur !

Bonne lecture !

Marie-Josée Laquerre

Chapitre 1

La Technique du « Passage à vide »

Quand la Vie nous demande de faire un « passage à vide », cela veut dire qu'il y a un « trop-plein » qui doit être vidé. Tout au cours du livre, je parlerai beaucoup de cette notion de « trop-plein ». Car il est la résultante de blocages émotionnels et de multiples souffrances qui apparaissent dans notre vie, avec pour conséquences bien des freins à nos réalisations.

Un jour, malgré mes efforts, j'ai pris conscience que rien ne venait à moi. J'avais la sensation que ma vie avait basculé tout d'un coup, chaviré du tout au rien. Mes efforts acharnés pour me réaliser et vivre le succès, comme j'avais l'habitude depuis toujours, étaient vains. Plus rien ne fonctionnait dans mes manières de faire, comme si tout ce que j'avais appris, pratiqué et expérimenté ne servait plus à rien.

J'ai été prise au dépourvu, car depuis la dernière année, j'écoutais à la lettre ce que la Vie me dictait de faire à tout moment. J'étais assidûment à l'écoute de mon intuition et de ma petite voix intérieure.

Quelques mois plus tôt, j'avais opéré un grand changement dans ma vie en vendant l'entreprise que je gérais depuis dix-huit ans. Dans le but de me diriger vers l'enseignement et le partage de toutes mes connaissances acquises au fil de ces années dans le domaine de la santé et du mieux-être. Mon intuition parlait fort pour que je partage tous mes « Coups de Cœur santé ».

Ce changement demandait et exigeait de moi un gigantesque courage, car il me sortait de ma « zone de confort » et me plongeait directement devant l'inconnu, sans aucune régularité ni stabilité financière, dont j'avais l'habitude depuis si longtemps.

Ma petite voix intérieure me parlait de plus en plus fort et maintenant, je n'avais plus le choix que de l'écouter. Ça faisait trop longtemps que les mêmes images et sensations revenaient constamment à mon esprit, sans arrêt. On dit que lorsqu'on a trois fois l'image et l'inspiration de faire quelque chose, c'est que la Vie nous guide pour le faire et qu'il s'agit de la route à suivre.

Ces pensées, intuitions et images se sont manifestées à mon esprit pendant trois ans avant que je fasse le grand saut… Il était plus que temps d'affronter mes peurs ! Non, mais, à un moment donné, quand il faut que tu comprennes le message, la Vie prend les grands moyens ! Tu penses tout le temps à ça, tu as plein d'intuitions concernant l'avenir, tu en rêves, tu en parles, les gens t'en parlent, et tu ne fais rien !

Et le cycle recommence constamment ! NON, mais, bouge-toi, c'est facile ! Il faut juste décider de « se décider à agir »… Tellement simple !

Pendant ces trois ans, j'ai cependant commencé à faire tranquillement la transition vers mes nouveaux objectifs et à mettre quelques guidances en application, tout en poursuivant la gestion de mon entreprise.

Mais la Vie n'est pas dupe ! Ha ! Tu penses pouvoir faire tout ça en même temps sans lâcher prise sur ta sécurité et faire confiance totalement à la Vie ?

« Eh bien, j'ai des petites nouvelles pour toi, mon amie ! Tu devras quand même faire le grand saut… un jour ou l'autre… et finir par écouter ce que ton Cœur te dicte de faire ! »

Au bout du compte, j'ai finalement vendu mon entreprise pour me lancer dans le « vide » de mon avenir. Bien qu'au cours de ces dernières années je me préparais tranquillement à mon « devenir », il n'en demeure pas moins que j'ai dû faire face, à un certain moment, à ce « passage à vide » qui, disons-le, fait remuer toutes les sphères de notre existence.

Mes anciennes manières de faire ne fonctionnaient plus. Tout à coup, je n'avais plus de repères pour me réaliser avec succès.

Pourtant, au cours de ma vie, tout ce que j'avais démarré s'avérait être une réussite dès le départ, mais là… j'étais soudainement confrontée à des déceptions les unes après les autres, et dans tous les domaines de ma vie. Ma vie basculait dans le vide au moment même où je m'attendais à du renouveau, à un nouveau départ et à une renaissance, après avoir eu le courage d'écouter entièrement les messages de la Vie.

J'ai essayé toutes mes anciennes manières de « faire » jusqu'au jour où je me suis rendu compte qu'il n'y avait justement plus rien « à faire ». J'étais comme une brebis égarée au centre de mon propre univers, vivant des moments d'angoisse et d'inquiétude qui m'ont fait souffrir pendant plusieurs mois.

Même mes amis les chevreuils ne me reconnaissaient pas ! LOL !

J'ai pratiqué de plus en plus toutes mes connaissances en Tao/Yoga/Méditation et Pranayamas (Techniques de Respiration) afin de me purifier de mon ancienne vie et du passé. J'étais soulagée sporadiquement pendant toutes ces heures où je pratiquais les enseignements reçus par les maîtres. Mais dès que je me remettais dans l'action, je perdais mes repères divins. Toute ma vie, j'ai été une fille d'action et d'accomplissement, mais là, je vivais le plus grand « passage à vide obligé » de ma vie. J'avais l'impression de tout perdre, même ma propre identité.

Quelle étrange sensation… En fait, je vivais ma propre mort en étant vivante. Tout un sentiment d'insécurité, me direz-vous !

Je suis passée par toute la gamme des émotions : l'inquiétude, l'angoisse, la peine, la déception, la colère, la tristesse, le chagrin, le mécontentement, l'injustice et la peur.

OUI ! C'était un peu injuste de vivre tout ça après avoir fait tant d'efforts pour m'y rendre et finalement constater le néant. Alors pourquoi la Vie m'avait-elle guidée ainsi ?

J'en ai voulu à la Vie et me suis vraiment demandé ce qu'elle voulait de moi. J'avais la sensation de répondre à ses demandes, mais sans résultat apparent ou bénéfique, au bout du compte. À un certain moment, je n'ai plus eu le goût de vivre… À quoi bon continuer ? J'avais besoin de trouver une solution à ce que je vivais… étant de plus en plus égarée… mais, mes amis les chevreuils ne sont pas venus me sauver !

J'étais surprise de me sentir comme ça, moi qui avais toujours été un être de bonheur, une source de joie et un rayon de soleil aux yeux des autres.

Ces moments, lorsqu'ils arrivent, déstabilisent tout notre entourage, notre conjoint(e), notre famille, nos ami(e)s. Car des changements majeurs s'opèrent dans notre vécu, dans notre langage, nos habitudes de vie et notre manière de faire et d'agir au quotidien. Pendant cette période de transition, on est même surpris de la nouvelle personne, de ce nouveau « Moi » qui se révèle au grand jour, comme une personne tout à fait différente de l'autre auparavant !

Un jour, en méditation sur mon beau rocher au bord de l'eau, j'étais en totale contemplation de la beauté de la nature quand ce bel aigle est venu planer au-dessus de moi. Il flottait dans le ciel en formant de larges cercles, sans le moindre effort, se laissant porter totalement par le vent et la Vie en toute quiétude. Quelle belle leçon il m'a apportée, ce jour-là ! Tout comme s'il était porteur d'un remarquable message pour moi, un message qui me parlait grandement !

Oui, ce jour-là, il est venu me parler et c'est à cet instant précis que j'ai réalisé que j'en avais assez de faire des efforts pour réussir, me réaliser, organiser ma vie entière comme une « Wonder Woman », toujours plus plus plus… pour être capable de tout « faire ».

J'avais juste envie de me laisser porter par la Vie tout comme lui, de m'abandonner au flot de cette Vie qui est généreuse, abondante et prospère. C'est aussi là que j'ai compris que j'étais en train de vivre un grand « passage à vide »… le vide total de ne plus avoir envie de rien. J'ai donc pris trois mois pour faire le vide, vivre ma transition et faire le nécessaire pour mon mieux-être.

Durant cette période, la Vie m'a étrangement occupée avec les multiples et urgents problèmes de santé de mon père qu'on a failli perdre à trois reprises. Bizarrement, je vivais la mort imminente de mon père et, en même temps, j'avais l'impression de vivre la mienne, même si mon corps était en parfaite santé physique. La mort que je vivais était « le passage à vide », le vide intérieur qui est un sentiment fort déstabilisant pour toute personne qui a l'habitude de gérer sa vie, d'en prendre les rênes avec une entière volonté et d'avoir une véritable sensation de la contrôler !

La Vie me demandait de m'abandonner, de lâcher prise, et plus je le faisais, plus mon sentiment de « vide » grandissait… Jusqu'au jour où j'ai décidé de me concentrer sur celui-ci. Si la Vie veut m'emmener dans le « vide » alors pourquoi ne pas y plonger ? Pourquoi ne pas essayer ? Après tout, j'avais appris à « plonger » depuis toute jeune ! (lol !) Mais j'ai vite compris que ce n'était pas le même genre de plongeon !

Plonger dans le vide, je l'avais déjà fait plus d'une fois dans ma vie en repartant à zéro. Comme la fois où je suis partie ouvrir un Spa en Guadeloupe et d'autres fois en changeant de carrière pour m'orienter vers une autre profession, ville, etc.

Plonger dans l'inconnu, je connaissais ça ! Et donc ça aurait dû être facile ? NON ! Même si j'avais déjà fait l'expérience du vide et de l'inconnu dans d'autres circonstances dans ma vie, eh bien, cette fois-ci, ce ne fut pas vraiment agréable et réjouissant pour le mental, en y ajoutant bien des peurs qui sont remontées à la surface… et que j'ai dû apprendre à gérer.

♥ 1 | Mais pourquoi faire le « vide » ? ♥

Parce qu'il y a un « trop-plein » de trop de choses en même temps, c'est pour cette raison qu'il y a un passage « obligé » du passage à vide.

C'est comme un verre d'eau qui est plein à ras bord, si on y ajoute de l'eau encore et encore, eh bien ça débordera, c'est exactement ce que je vivais, tout débordait, il y en avait trop, beaucoup trop !

J'ai donc commencé le processus de vider les « trop-pleins » de ma vie. Vider le « trop-plein » de responsabilités, le « trop-plein » de travail, le « trop-plein » d'organisation de la « Super Woman » qui s'occupait de tout : de la gestion de mon entreprise sept jours sur sept pendant dix-huit ans, de l'organisation de la maison, du domaine, des rénovations, des affaires, du budget, des rencontres familiales, des sorties, des vacances, des amis, des loisirs, en plus de continuer d'être attentionnée envers mon conjoint, ma famille et d'essayer de prendre soin de moi-même ! Wow… !!! La « Super Woman » !

Vous reconnaissez-vous ? Vous aussi ?

« Super Woman ou Super Man » ?

OUF ! Un grand soupir de relaxation pour tout évacuer, mais la Vie continue son cours et celle-ci va de plus en plus vite. Alors, comment y arriver à travers toutes mes occupations ?

Essoufflée, je me suis mise à pratiquer la technique du « passage à vide ». C'est-à-dire, me détendre chaque jour et pénétrer dans ce vide intérieur, me mettre en symbiose avec ce vide, en faire partie et m'y abandonner complètement. C'est seulement en libérant le « trop-plein » et en faisant le vide qu'on peut vider et remplir à nouveau son verre d'eau… À moins de le boire !

L'Univers est fait ainsi et la Vie sait exactement ce qu'elle fait même si nous, on a tendance à l'oublier !

En fait, il faut justement arrêter de « Faire » pour apprendre à « Être ». Pas facile à appliquer quand on est dans le tourbillon de la vie quotidienne qui nous demande d'être de plus en plus productif, d'agir vite et bien, et de performer de plus en plus parce que c'est une exigence de la société.

Oui ! La société valorise notre réussite par un travail excessif, performant et efficace. Y a-t-il déjà eu un patron qui vous a félicité de moins en faire au travail ?

La réponse sera probablement NON ! :)

Mais, si on apprend à « Être » et qu'on prend le temps d'« Être », la Vie s'occupe du « Faire » pour nous. Drôlement intéressant !

OUI ! La Vie fera le « Faire » pour vous, car elle apportera ce qu'il faut au moment opportun, surtout si on prend le temps de s'ajuster à son rythme personnel, au rythme de la Vie et à l'espace du grand temps. En écoutant l'« Être », on sauve bien du temps inutilement gaspillé par le tourbillon de la Vie.

Tout un apprentissage, me direz-vous ? Oui, c'est vrai. Il s'agit d'une tout autre programmation (ou déprogrammation) que celle avec laquelle notre cerveau fonctionne habituellement.

Pendant dix-huit ans, j'avais pourtant géré mon entreprise en écoutant mes intuitions afin d'agir et de prendre des décisions pour l'équipe de thérapeutes, pour les clients, la gestion administrative, le marketing, le budget, etc.

Mais avec les nouvelles vibrations rapides de l'Univers, qui se sont activées à la fin de l'année 2012, nous sommes tous passés à une nouvelle ère qui nous demande maintenant de passer du « Faire » à l'« Être ». Et les choses qui arrivaient auparavant par le « Faire » doivent maintenant passer par la sensation du « Être » d'abord et avant tout, sinon rien ne peut se réaliser exactement comme on le souhaite mentalement.

L'humain doit donc faire un retour au « Soi intérieur » pour que son « extérieur » soit le reflet de ses réelles convictions et de ses aspirations profondes.

Agir pour agir ne se fait plus, la Vie nous demande d'apprendre à « Être », et, pour y arriver, il y a le « passage à vide ». Un « passage à vide » pour purifier les anciennes manières de « Faire » pour apprendre à « Être ».

Complexe, me direz-vous !

♥ 2 | La Technique du « Passage à vide » ♥

<u>Voici un exemple de la Technique du « Passage à vide » :</u>

1) Détendez-vous par la méditation, assis confortablement ou, si vous le souhaitez, faites-le étendu dans votre lit (si vous êtes capable de ne pas vous endormir tout de suite).

2) Prenez trois longues et profondes inspirations et à l'expiration « faites le vide » le plus complet. Expirez trois fois complètement jusqu'au bout de votre souffle de chacune de vos expirations, comme si votre ventre faisait une rétention vers l'intérieur.

3) Connectez-vous au grand vide de la Source Universelle. Pour ce faire, vous pouvez voir un grand trou transparent dans le Ciel, visualisez un endroit où il y a une « géante spirale tournoyante dans l'Univers » dans laquelle vous allez déposer tous vos « trop-pleins de » à chaque expiration. Par sa force centrifuge, cette spirale majestueuse aspire tout et le transforme en une énergie d'amour qui est bénéfique pour chacun de nous.

Force Centrifuge de la « Géante Spirale de L'Univers »

4) Passez chacun de vos « trop-pleins » de vie et déposez-les avec vos mains dans le trou du « grand vide » et laissez aller chaque « trop-plein » comme une « chasse d'eau tourbillonnante » avant de disparaître complètement.

Laissez aller les « trop-pleins » de travail de votre journée, les « trop-pleins » de fatigue, les « trop-pleins » de déception, de tristesse, de peine, de chagrin, de responsabilités professionnelles, familiales ou amoureuses.

Libérez les « trop-pleins » d'inquiétudes financières, les « trop-pleins » d'angoisse, de colère, de non-dit, ou tout autre « trop-plein » qui vous vient à l'esprit. Laissez aller et libérez-vous complètement à chaque expiration. Pas besoin de voir une situation précise vécue ou une difficulté émotionnelle de votre vie. Simplement laisser aller le « trop-plein » : le sentiment du « Être » qui en a trop pris sur ses épaules, son corps, son âme, son cœur, son esprit.

Trou du « grand vide » de la chasse d'eau tourbillonnante

5) À la fin de la méditation, mettez vos deux mains sur le Cœur, la main droite par-dessus la main gauche. Respirez trois fois profondément en ressentant la force du « vide intérieur » que vous venez d'activer.

6) Ouvrez les deux bras très grand pour accueillir l'énergie de la Vie, puis amenez cette grande énergie vers vous et refermez vos mains sur votre Cœur.

Faites le mouvement trois fois pour vous ouvrir et accueillir les bienfaits de la Vie et ensuite les concentrer au Cœur. Comment vous sentez-vous ? Sans le savoir, vous venez de faire la « **Connexion du Cœur** » !

En ouvrant, vous pouvez remercier pour tout cet amour que vous portez et pour la Vie qui prend soin de vous à chaque instant. Elle est toujours là pour nous, même si nous n'en sommes pas toujours conscients.

7) Au cours de l'exercice, laissez aller tous les « trop-pleins » des tensions du corps : les muscles tendus, les nœuds, les blocages. Ciblez la partie où il y a le plus de « trop-pleins » et à l'expiration, évacuez le surplus.

S'il y a un sentiment qui naît de cette tension, laissez-le aller en même temps. Pas besoin de repenser à une situation vécue ou la revoir dans votre esprit, laissez aller le sentiment tout simplement, sans revivre une situation émotionnelle ou la revoir, sans la recréer dans votre corps et votre esprit.

Alors, faites seulement le vide de cette situation à l'expiration.

Expirez trois fois jusqu'à ressentir le vide, à partir des poumons jusque dans le bas de votre abdomen. Videz, déchargez, évacuez tout jusqu'au bout de vos terminaisons nerveuses. Libérez le « trop-plein » des muscles, de la circulation sanguine, des tensions dans la tête, et connectez-vous à la Source Universelle, comme mentionné précédemment.

Dans le processus Universel, tout est semblable et identique pour toute Vie. Tout ce qui vit sur la Terre, que ce soit pour le règne végétal, animal ou humain, partout où il y a de la Vie, pour tous les organismes, il y a un besoin d'ingérer de la nourriture et d'en évacuer les déchets par la suite. Le processus du « grand vide » est partout, même dans la nature qui se nettoie en permanence.

Les arbres se dépouillent de leurs feuilles en automne afin de renaître au printemps suivant.

8) Si vous avez des douleurs vives, des brûlements ou de l'inflammation corporelle, libérez le « trop-plein » là où il y a des élancements et expirez profondément jusqu'à ne plus ressentir de douleur ou jusqu'à sentir un relâchement, un allégement.

Videz le « trop-plein » du poids des responsabilités de la vie, du travail, de la famille, des amis, de vos peines, vos chagrins, vos tristesses. Videz le « trop-plein » des émotions, des colères, amertume, haine ou culpabilité. Videz, videz, videz votre verre d'eau, ou votre chaudière s'il y en a beaucoup !

Parfois, il y a beaucoup plus d'accumulé en nous que ce qu'on pense… Alors, videz tout, tout, tout !

Visualisez toujours que vous videz le tout dans le « trou transparent » de la « **géante spirale de l'Univers** » dans lequel tout circule comme une grande chasse d'eau gigantesque. C'est la force de la Source Universelle qui fait le nettoyage pour vous. Sentez le mouvement centrifuge prendre tout ce dont vous n'avez plus besoin et sentez que vous en êtes complètement libéré.

9) Ensuite, à l'inspiration, imprégnez votre esprit de la force de la Source Universelle. Faites la même chose pour tout votre corps, encore trois fois.

Laissez le plein de la Mère Universelle vous porter, vous remplir de ses grâces, ses bénédictions et ouvrez votre Cœur à recevoir. Et maintenant, ressentez, ressentez, ressentez… ce mieux-être intérieur. Plus vous pratiquerez cette technique du « passage à vide », plus vous permettrez à la Vie de vous « remplir » de tous ses bienfaits.

Quand on fait cet exercice chaque jour, on vide ce qui n'a plus de raison « d'Être » et on commence à recevoir les bienfaits et les grâces de la Vie. Parce que **la Vie, l'Univers ne supportent pas le vide.**

Mais pour qu'elle puisse nous remplir de grâces, de gratitudes, de joies, de bonheurs, on doit d'abord vider les « trop-pleins » qui empêchent notre âme de recevoir le nouveau que la Vie a à nous offrir !

Faire cet exercice tous les jours permet de vivre une renaissance à soi-même, de s'ouvrir aux nouveautés et de vivre des surprises de la Vie. Elle s'occupe de trouver des solutions à nos difficultés et de nous guider adéquatement vers les meilleures actions.

Après seulement cinq jours de pratique de la technique de libération du « passage à vide », j'ai vécu, pour ma part, quatre petits miracles de la Vie. Comme si quelques situations difficiles s'étaient réglées d'elles-mêmes.

Plus on pratique la technique du « passage à vide », plus on se lève le matin avec la joie de découvrir, à chaque moment de notre journée, ce que la Vie nous réserve comme surprise pour notre mieux-être et notre bonheur !

Merci la Vie !… Gratitude

Voyez toutes les surprises qu'elle vous apportera et notez-les, car il y en aura de plus en plus sur votre chemin, comme des « Miracles » soudains.

Ainsi, la Vie devient un cadeau de grâces sans fin !

À nous de nous en réjouir, car plus on écoute l'« Être » et ce à quoi on aspire profondément, plus la Vie ouvre le chemin afin de répondre à nos besoins réels.

L'univers entier conspire à notre « Bonheur » et met tout en place afin que nous soyons parfaitement heureux… C'est la loi de la Vie !

Le Cœur de l'Univers

Chapitre 2

Comment faire le vide du « trop-plein » ?

Comment vider le verre d'eau, le seau d'eau ou la chaudière d'eau ? Réponse : par la méthode du « passage à vide » qu'on vient de voir. Et pourquoi le faire ?

Puisque l'eau transforme, transmute tout et que notre corps est composé à 70 % d'eau, faire le vide de l'eau avec la méthode du « passage à vide » permet de libérer davantage. Un processus de nettoyage et de purification qui s'enclenche naturellement dans le corps. L'eau est reliée aux émotions, à notre corps émotionnel, d'où toutes les émotions perturbantes qui finissent par créer un voile qui obstrue la réalité de notre vie.

Ainsi, les émotions de colère, de tristesse, de déception, d'angoisse, d'inquiétude, de doute et de peur peuvent nous emmener dans la direction opposée à celle que nous souhaitons vraiment. Le voile du corps émotionnel devient trop dense et notre « Être » ne peut plus prendre la place qui lui revient parce que le nuage des émotions est trop lourd.

Il est aussi suggéré de boire un grand verre d'eau quand nous vivons de très fortes émotions. Cela nous apaise, tempère l'émotion du moment et purifie, du même coup, le corps émotionnel. Essayez ! Vous verrez à quel point ça aide et nous permet de voir clair dans une situation ambiguë et parfois dramatique.

Plus on met l'accent sur une émotion, plus on la fait grandir en nous. Plus on nourrit la colère, plus elle devient violente. Plus on nourrit la peur, plus il y a une gigantesque barrière qui nous empêche de la dépasser et de vivre dans notre Cœur. Plus on recrée par nos pensées une inquiétude, des angoisses dans notre mental, plus on fait revivre ces émotions dans notre vie. Elles se reproduisent constamment, ça devient un cercle vicieux sans fin.

Plus on parle de nos émotions, de nos drames, de nos colères, de nos déceptions, plus on nourrit notre corps émotionnel et plus on lui donne de l'importance, au lieu de se centrer sur notre véritable identité : l'« Être ».

On recrée ainsi sans cesse les mêmes émotions pour ensuite essayer de s'en sortir et de s'en débarrasser ! Arrêtons d'accorder autant d'importance à toutes ces émotions, on ne fait alors que les faire grandir… et concentrons-nous plutôt sur nos véritables désirs, projets ou objectifs de vie.

Attention, ici il ne s'agit pas d'ignorer une émotion que l'on vit, de la fuir ou de la mettre de côté afin qu'elle s'exprime et « explose comme un presto » plus tard ! Il s'agit « d'être à l'écoute de ce que l'on vit », d'en prendre conscience, de vérifier l'état de la blessure à guérir et de la transmuter avec le processus du « passage à vide ».

L'Amour, qui vient de la Source Universelle, nous procure tout, et plus on en est conscient, plus ce processus nous guérit et nous libère des karmas, des attitudes négatives. Et se transforme en mieux-être, santé, joie et bonheur. À force de pratiquer la méthode du « passage à vide », le « trop-plein » d'émotions s'épure de lui-même sans avoir à travailler sur soi, sans qu'on ait à décortiquer mentalement le mal-être, ou à essayer d'analyser le pourquoi de telle ou telle chose. Les réponses viennent d'elles-mêmes et souvent avec une grande clarté d'esprit.

Bien sûr, avoir recours à différentes méthodes afin de comprendre notre état, que ce soit par le développement personnel, la PNL, la psychologie ou une thérapie quelconque, tout cela est bénéfique à notre situation émotionnelle ou mentale, améliore notre compréhension de l'événement et nous aide dans notre cheminement de croissance personnelle, si on ressent le besoin de le faire. Mais il n'est pas toujours nécessaire de le faire chaque fois qu'on vit une émotion passagère dans notre vie ou un « trop-plein ».

Il arrive souvent que toutes ces techniques nous replongent constamment au même endroit de notre émotion, de notre peine, de notre colère, amertume ou angoisse, et fassent grandir cette zone émotionnelle… même si, sur le moment, on se sent soulagé pour un court laps de temps.

Certaines techniques mentionnent même de donner un nom à nos différentes émotions. Cela a malheureusement pour effet de les faire revivre et grandir de plus en plus fort en nous puisque ça indique de leur donner de l'importance, de l'énergie, de l'attention.

Et comme on le sait, plus on met de l'énergie sur quelque chose, plus ça arrive et plus on le crée et le recrée ! L'idéal est qu'une fois qu'on a fait l'étape de l'analyse de notre état « d'ÊTRE » grâce à ces techniques, l'étape suivante consiste à s'abandonner au processus de la méthode du « passage à vide », car la Source Universelle s'occupe du reste pour nous, sans même qu'on se casse la tête pour comprendre ! Cette compréhension qui passe par la tête n'est pas toujours nécessaire ! Quel beau cadeau de la Vie ! MERCI LA VIE !

Mais comme l'humain aime bien tout comprendre, puisque muni d'un corps mental, entreprendre une démarche d'analyse de notre situation fait partie du processus de cheminement, dans la plupart des cas.

Cependant, les *« **Grands Maîtres** » sont là pour nous montrer que le « passage à vide » peut se faire sans tout analyser au départ. Ils travaillent tous avec la force de la Source Universelle du vide.

Tous les enseignements reçus par les *« **Maîtres** » favorisent le « vide » du plan mental et du corps émotionnel. Ils nous enseignent la Méditation, le Yoga, le Tao, les techniques de respiration « Pranayamas » ou l'art du silence pendant dix jours à deux semaines, etc.

Ce sont toutes des techniques qui facilitent le processus de libération des « trop-pleins » et qui sont compatibles avec la purification du « passage à vide ». (Voir ces différentes Techniques de libération au chapitre XI)

♥ 1 | Faire le « Passage à vide » et lâcher prise ♥

Le « passage à vide » permet de se remplir d'énergie, d'élever notre taux de Prâna (source d'énergie vitale), de remplir notre esprit de nouvelles idées, pensées, intuitions, inspirations et de se connecter à l'énergie sacrée du Divin.

C'est la meilleure manière de lâcher prise, de s'abandonner et de faire grandir sa foi envers la Vie ! Parce que lorsqu'on lâche prise, comme on sait, les choses se placent d'elles-mêmes comme par enchantement !

Mais attention, faire le « passage à vide » et lâcher prise, ne veut pas dire de ne plus rien faire, d'abolir l'action, de ne plus s'investir généreusement ou de ne plus se lever le matin pour aller travailler ou encore de ne pas prendre sa vie en main et d'attendre que tout arrive comme par magie !

Comme on dit : « Aide-toi et le Ciel t'aidera ! »

Il suffit d'agir et d'aller de l'avant dans la « Mission de Vie » que l'on sent « Être » la nôtre, c'est-à-dire de faire le vide de ce que l'on sent ne plus faire partie de notre vie ou de vider notre « trop-plein » quotidiennement, de libérer le voile de notre corps mental et émotionnel. Et surtout, de comprendre consciemment que toutes nos actions sont guidées par la Source Universelle, chaque jour et à chaque instant et moment de notre vie.

Avoir une foi inébranlable en nous-mêmes et la Vie ! Ainsi, et seulement ainsi, on pourra dire « MERCI LA VIE ! »

♥ 2 | S'accomplir matériellement tout en s'éveillant spirituellement ♥

On doit donc accomplir notre mission dans une foi inébranlable.

Tout être humain sur la Terre a la même mission principale d'incarnation, c'est-à-dire : « **S'accomplir matériellement tout en s'éveillant spirituellement** ». L'un ne va pas sans l'autre. Unir la Terre et le Ciel, arriver à équilibrer les aspects matériels à travers la dimension spirituelle.

Et cela peut se faire à travers n'importe lequel des métiers, professions ou mission de vie… et autant que cela soit fait dans le respect des convictions et aspirations profondes de notre « Être ».

C'est personnel, à chacun de choisir comment unir dans sa vie ces deux aspects avec le plus d'équilibre possible.

C'est cela que nous sommes appelés à vivre et à apprendre, peu importe le chemin que l'on prendra et choisira, le but est le même pour tous ! L'équilibre de ces deux dimensions, « le matériel et le spirituel ».

Ha ! Plusieurs d'entre nous avaient peut-être une tout autre idée du Paradis sur Terre : soit de manger du fromage à tartiner Philadelphia sur un nuage comme dans la publicité télé ou de se relaxer, plus souvent qu'autrement, dans un hamac au bord de la mer en lisant un bon livre et en sirotant un délicieux mojito cocktail !

Ça serait bien trop « fun » (dans le sens de trop plaisant) de faire ça tout le temps ! Eh bien non ! La Vie a un autre programme pour nous, même si des vacances au soleil font un bien immense et sont nécessaires de temps en temps ! Pour nous recharger et refaire le plein !

Nous sommes sur la Terre pour nous « **réaliser matériellement** » et nous « **éveiller spirituellement** » à travers nos parents, nos familles, notre environnement, notre communauté, notre culture, notre ville, notre pays, tous des choix que nous avons faits avant notre naissance afin de grandir et de vivre notre aventure humaine et terrestre.

Et grâce à notre libre arbitre, c'est à nous de faire le choix de ce qui nous convient le mieux pour notre Bonheur ! Très facile à dire, mais pas toujours facile à faire.

Quand Jésus a dit : « Plusieurs seront appelés, mais peu seront élus », ce n'était pas pour aller manger du fromage Philadelphia sur un nuage !

Ici, on parle d'avoir le courage de se réaliser au-delà de nos peurs, barrières et empêchements de toutes sortes qui bloquent la possibilité de suivre la direction vers notre but ultime : « Être Heureux ! ».

Donc « les élus » sont ceux qui ont la force, le courage et la volonté de vouloir véritablement « Être Heureux ! »… et d'agir en conséquence… Pas ceux qui veulent juste manger du fromage ! Ha ! Ha ! Ha !

Voici une Technique de Méditation en trois étapes simples, rapides et efficaces qui facilitent le chemin de notre destinée vers l'objectif principal qui est d'« Être Heureux ! ».

♥ 3 | Technique de Méditation ♥

Comment faire le vide des « Trop-pleins » ?… en trois étapes faciles, rapides et efficaces.

<u>Première étape :</u>

Détendez-vous. Faites trois grandes inspirations et expirations complètes et profondes.

<u>**Deuxième étape :**</u>

Ensuite, commencez à libérer tous vos « trop-pleins » et, à chaque expiration, visualisez que vous videz tous vos « trop-pleins » dans le « **trou transparent** » de la géante « **spirale de l'Univers** » comme expliqué précédemment dans la méthode du « Passage à vide » au chapitre I.

▶ Libérez tous vos « trop-pleins » de culpabilité de toutes sortes.

▶ Libérez vos « trop-pleins » de sensibilité, de vulnérabilité, de fragilité, d'innocence, qui vous font vivre toutes sortes de désagréments.

▶ Libérez le « trop-plein » de colères, de frustrations liées au travail, à la vie quotidienne, à votre vie familiale ou conjugale.

▶ Libérez le « trop-plein » des « il faut », et des innombrables listes « à faire ».

▶ Libérez le « trop-plein » des efforts « à faire » pour réussir, pour être productif, pour atteindre vos buts et objectifs.

▶ Libérez le « trop-plein » de persévérance, de détermination, d'endurance ou de choses à faire.

▶ Libérez le « trop-plein » des pensées négatives et destructrices, ou des états dépressifs.

▶ Libérez le « trop-plein » de vos conversations intérieures, ruminations du mental.

▶ Libérez le « trop-plein » de vos découragements dû à la pression que la société impose.

▶ Libérez le « trop-plein » des blocages, des résistances de l'ego, des souffrances morales, mentales, émotionnelles, physiques ou psychiques.

Ensuite, vous inspirez profondément encore trois à cinq grandes inspirations et vous continuez le processus jusqu'à ce que vous ressentiez que vous avez libéré tout ce qu'il y avait à vider, comme expliqué précédemment dans la technique du « Passage à vide ».

<u>**Troisième étape :**</u>

Par la suite, une fois le tout complété, vous commencez le processus de remplissage. Donc, à chaque inspiration, soyez conscient de remplir **votre esprit et votre corps tout entier** de paix, de calme, d'amour, d'équilibre, de joie, de sérénité, de plénitude, de bonté, de courage, de force et de puissance tranquille, de santé ou de guérison, etc. Vous pouvez aussi choisir tout ce dont vous souhaitez « faire le plein de ».

Ceci est différent pour chaque personne et sera en fonction de ce dont vous avez besoin dans l'instant présent.

N'inspirez que des choses positives.

Voyez des images de choses que vous aimez « Être » en prenant conscience du sentiment que cela procure dans tout votre corps. Remplissez-vous de bonheur, de quiétude, de justice, de vérité, de sagesse, de connaissance, de compassion, d'altruisme, de créativité, d'originalité, de plaisir ou de rire, etc. À vous de choisir !

Bonne relaxation, bonne méditation !

Chapitre 3

La « Connexion du Cœur »

La « Connexion du Cœur » ne peut se faire s'il y a des blocages, résistances ou des « trop-pleins » dans nos relations ou dans notre vie. Car toutes les résistances ou tous les blocages apportent également des souffrances, peu importe de quel ordre cela peut être.

« Résistance = Souffrance » est une loi à se rappeler, le réaliser nous permet de lâcher prise plus rapidement. Si on vit une résistance émotionnelle de déception, de colère ou de peine, celle-ci nous empêchera de voir la réalité de la situation qui se présente à nous, car il y a un voile devant nous. Et ce voile apporte beaucoup de souffrances et d'incompréhensions. Souvent, la réalité est tout autre. Il faut simplement tenter de voir autrement qu'avec nos propres perceptions et limitations.

Par exemple, quelqu'un pour qui il est important de recevoir un « Merci » après avoir donné, quelqu'un pour qui la reconnaissance et la politesse sont primordiales dans sa manière de faire, se verra souvent déçu par l'approche d'une autre personne qui ne s'exprime pas de la sorte.

Ici, la « **Résistance** » est cette déception de ne pas recevoir un « Merci » à la hauteur de ses attentes. Ce qui créera une tension entre les deux personnes, pouvant, par la suite, dégénérer en un différend important. Et ce dernier, malheureusement, empêche la « Connexion du Cœur ».

Ouvrir son esprit et sa conscience à voir que cette personne peut nous dire « Merci » et être reconnaissante d'une autre manière que la nôtre permet d'annuler cette résistance de cœur à cœur. Cette personne le fera probablement différemment avec des gestes au lieu des paroles ou en ayant une attention délicate à notre égard. D'une manière totalement différente de ce à quoi on s'attendait, ce qui nous prendra par surprise.

Voir les choses différemment de ce que l'on fait soi-même, ouvre le chemin de la « Connexion du Cœur » avec toutes personnes et situations de la Vie.

Quand on dit « Je t'aime » à une autre personne, « tu es beau, tu es belle », le cadeau est d'abord pour nous puisqu'il représente la joie de le dire avec le Cœur et ensuite de voir l'autre personne recevoir avec bonheur nos compliments. À l'inverse, même si l'autre ne complimente jamais notre personne, il se peut qu'elle exprime son amour envers nous en nous faisant rire, en prenant soin de nous par diverses petites attentions privilégiées ou en partageant son abondance de plusieurs manières différentes.

Par exemple : en payant pour nous lors d'une sortie, en nous invitant au restaurant ou en nous apportant un petit cadeau, etc. La liste peut être longue. Quand on voit l'autre dans son ouverture du Cœur pour nous, plutôt que d'avoir des attentes et de vivre de la résistance à son égard, la « Connexion du Cœur » agit comme par enchantement et l'amour circule librement.

La coupure de la « Connexion du Cœur » se fait par la comparaison de nos différences, due à nos attentes de recevoir ce que l'on donne, de la même manière qu'on le fait pour l'autre. La Vie utilise toutes sortes de moyens pour nous combler, il faut juste arriver à ouvrir nos œillères pour voir plus loin et découvrir des avenues différentes de ce que l'on fait soi-même. Le Cœur est au centre de notre vie, le Cœur est au centre de notre corps.

Le Cœur est le quatrième vortex d'énergie (« Chakra ») de notre corps, qui fait le lien entre la Terre et le Ciel, entre le matériel et le spirituel.

C'est par l'infinie puissance du Cœur, qu'il faut se concentrer afin d'atteindre l'équilibre des plans matériel et spirituel. Dès qu'il y a une déstabilisation, qu'il y a de la « souffrance », c'est un signe que la Vie nous dicte de revenir au Cœur.

Par exemple, si nous avons des pensées de détresse, de dépression, d'anxiété, d'inquiétude, c'est un message de la Vie qui nous dit « clairement » de revenir au Cœur, à la « Connexion du Cœur ». Au lieu de partir dans des suppositions mentales qui n'arriveront et ne se manifesteront peut-être jamais.

La vie nous demande constamment « d'ÊTRE » à l'écoute de notre Cœur, de ce que l'on veut vraiment pour soi, de ce que l'on veut vivre et de faire les actions pour l'atteindre.

Si l'on fait des actions pour atteindre nos désirs du Cœur, la Vie met facilement sur notre chemin les possibilités pour leur pleine réalisation.

Ainsi, notre énergie vitale est décuplée parce qu'on ne va pas à l'encontre de ce qu'on ressent vraiment et la Vie se met à nous faire toutes sortes d'heureux présents… Merci la Vie ! Il suffit de l'écouter !

Les *« **Grands Maîtres** » enseignent que la Vie coule par elle-même et que nous n'avons pas, semblerait-il, à trop forcer pour atteindre nos objectifs. Si on force, c'est un signe que nous ne sommes pas en synergie ni alignés avec la « Connexion du Cœur ». Rappelez-vous ces moments, où vous avez fait quelque chose que vous aimez vraiment et comment la Vie est soudainement devenue facile, joyeuse, heureuse…

Sans avoir à forcer et sans avoir l'impression de faire un effort, quel qu'il soit, toutes nos actions, à ces moments-là, se font sans aucune perte d'énergie. Ça coule naturellement et la Vie nous livre ce à quoi nous aspirons, simplement parce que nous faisons ce que nous aimons avec le Cœur.

Et là, on peut vraiment ressentir que l'on vit comme sur un nuage… même si on est sur Terre !

♥ 1 | Exercice : La liste des « J'AIME ÊTRE » ! ♥

Faire la liste de ce que l'on aime « ÊTRE », active la Loi de l'Attraction et met en place le mouvement qui permet à nos objectifs de se réaliser. Même si actuellement notre réalité de vie ne correspond pas toujours à ce que l'on aime, le fait d'écrire notre liste des « **J'AIME ÊTRE** » et de la répéter régulièrement, accélère la réalisation de ce que nous souhaitons vraiment dans notre vie.

Vous pouvez lire ou dire à voix haute votre liste soir et matin, ce qui permet de réaliser et de manifester vos « J'AIME ÊTRE » beaucoup plus vite !

Pour ma part, je la dis à voix haute le matin au réveil, ensuite lorsque je me prépare pour la journée, en faisant ma toilette, même en faisant la vaisselle ou en pliant mes lavages.

Ce sont des gestes répétitifs qui ne demandent pas trop de concentration et qui me permettent de dire à l'Univers avec précision tout ce que « J'AIME ÊTRE »… d'autant plus que chaque jour, j'en invente des nouveaux !

C'est un processus très créatif et j'adore ça !

Maintenant, faites la liste de tout ce que vous aimez « ÊTRE ».

Il est important d'utiliser une formulation positive dans la rédaction de vos « J'AIME ÊTRE ».

Exemple 1 :

Au lieu de dire : « J'AIME ÊTRE libre de tout stress du quotidien », vous pouvez dire une formulation plus positive du genre : « J'AIME ÊTRE calme, détendue et posée à chaque instant de ma journée ».

Exemple 2 :

Au lieu de dire : « J'AIME ÊTRE dégagée de toutes fatigues accumulées par la vie trépidante », vous pouvez plutôt dire : « J'AIME ÊTRE énergique, dynamique, enthousiaste à travers toutes mes activités quotidiennes ».

Ceci procure une dimension positive à ce que l'on souhaite réellement. Ainsi, notre demande correspond à ce que l'on désire véritablement au lieu de ce que l'on ne veut pas !

Exemples et idées pour vous inspirer :

Voici un exemple de mes listes de « J'AIME ÊTRE » personnelles…

▶ J'aime ÊTRE heureuse avec ma famille,

▶ J'aime ÊTRE en amour avec mon conjoint,

▶ J'aime ÊTRE en bonne relation avec mes amis, ma famille, mes collègues de travail,

▶ J'aime ÊTRE heureuse en tout temps,

▶ J'aime ÊTRE en compagnie de personnes positives et aimantes dans mon entourage,

▶ J'aime ÊTRE en parfaite santé,

▶ J'aime ÊTRE en forme et pleine d'énergie,

▶ J'aime ÊTRE équilibrée dans ma vie,

▶ J'aime ÊTRE de bonne humeur,

▶ J'aime ÊTRE dans un sentiment de réalisation personnelle,

▶ J'aime ÊTRE vraie, authentique, sincère,

▶ J'aime ÊTRE honnête, juste, équitable,

▶ J'aime ÊTRE paisible, calme et sereine,

▶ J'aime ÊTRE épicurienne et apprécier les bonnes choses de la Vie,

▶ J'aime ÊTRE entourée de belles choses,

▶ J'aime ÊTRE confortablement détendue dans ma maison,

▶ J'aime ÊTRE reconnaissante et heureuse de recevoir ce que la Vie m'offre,

▶ J'aime ÊTRE généreuse et gâter ceux que j'aime,

▶ J'aime ÊTRE dans un sentiment d'abondance,

▶ J'aime ÊTRE riche et prospère, etc.

Vous pouvez aussi faire une liste beaucoup plus personnalisée et y mettre plus de détails :

▶ J'aime ÊTRE en vacances avec mon amoureux,

▶ J'aime ÊTRE en vacances au bord de la mer,

▶ J'aime ÊTRE assise devant un beau feu de foyer en regardant un film avec mon amoureux,

▶ J'aime ÊTRE tranquille au beau soleil sur ma terrasse à lire un bon livre,

▶ J'aime ÊTRE joyeuse et rigoler chaque jour,

▶ J'aime ÊTRE en compagnie de ma sœur pour jaser et rire pendant des heures,

▶ J'aime ÊTRE libre de temps en temps pour m'amuser allègrement,

▶ J'aime ÊTRE en compagnie de gens heureux et joyeux,

▶ J'aime ÊTRE solitaire à mes heures,

▶ J'aime ÊTRE en silence,

▶ J'aime ÊTRE en méditation,

▶ J'aime ÊTRE spirituelle,

► J'aime ÊTRE disciplinée en faisant mes exercices de Yoga/Tao tous les jours,

► J'aime ÊTRE en contact avec la nature, quotidiennement,

► J'aime ÊTRE en contemplation de la nature,

► J'aime ÊTRE émerveillée en contemplant un beau coucher de soleil,

► J'aime ÊTRE en compagnie des animaux tout autour de moi,

► J'aime ÊTRE à la maison pour écrire calmement,

► J'aime ÊTRE en business avec des gens qui œuvrent dans le domaine de la santé,

► J'aime ÊTRE active et me réaliser pleinement,

► J'aime ÊTRE confiante en mes ressources, potentiels et talents,

► J'aime ÊTRE en contact avec mes capacités intérieures,

► J'aime ÊTRE artiste à mes heures,

► J'aime ÊTRE de bonne compagnie pour les autres,

► J'aime ÊTRE à l'écoute des autres,

► J'aime ÊTRE utile à la société, etc.

Si vous avez d'autres rêves, vous pouvez faire une autre liste de tous vos désirs et souhaits à réaliser, toujours avec la même formule. Cette liste représente vos rêves cachés. En les écrivant et **les gardant juste pour vous**, ils se réaliseront plus rapidement ! Faites une liste d'au moins dix rêves cachés…

Exemple :

J'aime ÊTRE libre de faire tout ce que je veux, quand je veux, où je veux ! (Oups ! Maintenant, ce n'est plus un rêve caché pour moi ! Lol !)

Quand vous savez ce que vous aimez, la Vie répond à vos besoins avec la « Connexion du Cœur ». Faire la liste des « **J'AIME ÊTRE** » correspond à la « **Connexion du Cœur** ».

Lorsque vous vous connectez au désir de votre Cœur, vous vous mettez en lien avec le grand plan de la Vie et de la Source Universelle. Et surtout, en lien avec votre « Mission de Vie » qui se manifeste ainsi par elle-même, car vous êtes guidé par elle. Merci la Vie !

♥ 2 | L'Univers entier conspire à ce que nous aimons « ÊTRE » ♥

« L'Univers entier conspire à mon Bonheur et met tout en place afin que je sois parfaitement heureuse, joyeuse, prospère, en santé, etc. »

L'Univers entier conspire à ce que nous aimons « ÊTRE » en lien avec la « Connexion du Cœur ». Il ne s'agit pas ici de faire des comparaisons avec les « J'aime » ou « Je n'aime pas » ceci ou cela, mais bien de ressentir la « Connexion du Cœur » afin de se réaliser dans la vie avec plus de facilité.

La « Connexion du Cœur » favorise une pleine réalisation de soi. Prendre le temps de se concentrer sur cet aspect peut transformer notre vie entière. Penser, agir et ressentir par le Cœur nous met au diapason de la Vie Universelle.

Cette Source Universelle devient alors le guide de chacun de nos pas à chaque instant, pour autant que nous puissions « ÊTRE » à l'écoute de notre Cœur.

L'ego (les émotions négatives, le mental) sera toujours le premier à nous détourner de notre

Cœur, pour nous faire accroire qu'il y a mieux que ce que l'on ressent. Mais en fait, si on « écoute assidûment notre Cœur », celui-ci ne se trompe jamais ! Il sait exactement, à tout moment, ce qui est bon ou non pour soi.

Le mental trouve toutes sortes de moyens « illusoires » pour nous détourner de nos véritables objectifs.

Souvent, nous savons exactement quoi faire pour « ÊTRE heureux », pour se réaliser ou pour atteindre nos objectifs de vie, mais nous perdons le focus parce qu'il y a toujours autre chose qui se présente dans notre vie pour nous divertir ou nous détourner de nos véritables besoins. Cette diversion subtile prend le dessus et nous fait perdre de vue ce à quoi nous aspirons vraiment.

Prenons l'exemple d'une personne qui souhaite ardemment dans son Cœur devenir médecin et parfaire ses études pour obtenir son doctorat et ensuite aider les gens et l'humanité. Si cette personne ne garde pas le focus sur sa vérité du Cœur et se laisse déranger par des sorties estudiantines, des fêtes, etc., qui se présenteront assurément au cours de toute cette période, elle ne pourra pas atteindre l'objectif du Cœur de ce que la Vie lui a dicté.

Cela ne veut pas dire faire abstraction de toutes bonnes choses que la Vie met sur notre chemin, seulement revenir le plus souvent possible aux désirs de son Cœur et à sa « Mission de Vie », tout en profitant de la Vie dans l'équilibre !

Pour une autre personne, profiter des bienfaits de la vie sera peut-être son aspiration première, c'est-à-dire faire rayonner l'amour, la joie et s'amuser allègrement. Mais attention ! Elle devra user de discernement et de vigilance pour ne pas développer les côtés sombres de l'abus. Le déséquilibre apporte toujours des conséquences désagréables dans la vie même si on pense que ce qu'on fait est bon pour nous, cela nous amène parfois dans l'excès.

Par exemple, quelqu'un qui s'entraîne trop sera dans un excès qui est tout aussi néfaste que dans le cas d'une personne qui ne fait rien pour sa santé. « Trop, c'est comme pas Assez », il faut faire preuve du juste milieu dans toute chose.

Nous sommes en partie incarnés sur la Terre pour apprendre ça. C'est souvent cette grande sagesse et vérité de la Vie que les *« Maîtres » nous enseignent en premier, c'est-à-dire… atteindre « **l'équilibre** » ! Tellement plus facile à dire qu'à vivre !

La plupart des gens sont dans un rythme de vie effréné, sans trop « ÊTRE » capables de s'arrêter, de se déposer et de faire le vide du corps, de l'âme et de l'esprit. Ce tourbillon incessant nous empêche souvent de faire des choix judicieux dans la vie. C'est ce dont nous avons parlé au chapitre précédent, par la **Technique de Méditation : Comment faire le vide des « Trop-pleins » ?**

Par cette technique nous pouvons atteindre et vivre une belle renaissance dans notre vie, après l'expérience du « Passage à vide » et ensuite être en mesure d'écouter notre Cœur et de choisir convenablement ce qui est le mieux pour nous.

♥ 3 | L'écoute de notre Cœur pour la meilleure orientation de notre vie ♥

Quand nous avons décidé de l'orientation à prendre dans notre vie, grâce à l'écoute de notre Cœur, déjà nous savons que notre vie sera plus agréable parce qu'elle sera en fonction de nos convictions profondes.

♥ 4 | Pour bien choisir notre orientation de Vie, nous avons trois choix importants à faire : Option 1, Option 2, Option 3 ♥

1) Le faire pour « **l'amour du projet** », grâce à la « Connexion du Cœur »,

2) Le faire pour « **le plaisir** »,

3) Le faire pour « **l'argent** ».

Dans 80 % des cas, les gens choisissent l'option numéro 3 en premier pour réussir et « être heureux ». L'idéal est d'avoir deux options sur trois qui correspondent à ce qu'on veut vraiment et sincèrement. Si on le fait uniquement pour « l'argent », on risque (OUI !) d'« Être » riche, mais peut-être pas aussi heureux qu'on le pensait…

Si on le fait pour « le plaisir », la Vie mettra sur notre chemin toutes les conditions nécessaires à notre bonheur.

Et si on le fait pour « l'amour du projet », grâce à la « Connexion du Cœur », la Vie nous apportera ses bienfaits et grâces du Cœur pour que nous puissions nous accomplir sans effort.

Si notre motivation s'arrête sincèrement sur les options 1 et 2, pour « l'amour du projet » et « le plaisir », la Vie nous guidera et mettra moins d'embûches sur notre route, car nous écoutons ainsi la voix de notre Cœur.

Et si notre vraie motivation passe réellement par les choix 1, 2 et 3 dans l'ordre, alors notre projet est un succès garanti !

Pour chaque projet vous pouvez établir une liste de vos trois options et vérifier lesquelles des options se présentent en premier et pourquoi.

Posez-vous les questions suivantes :

▶ Dans l'Option 1 : Comment ce projet vous fait-il vibrer ?

▶ Dans l'Option 2 : Comment en retirer du plaisir à travers votre motivation ? Comment ce projet vous apportera-t-il de la joie et du plaisir ?

▶ Et dans l'Option 3 : Ce projet peut-il être rémunérateur pour moi et comment ?

♥ 5 | C'est le Cœur qui dirige tout et non la tête ! ♥

Rappelez-vous que c'est toujours le Cœur qui dirige tout, et non la tête et le mental. La tête peut parfois nous tromper ou nous décevoir, nous désorienter ou nous faire changer de direction.

Cependant, si on la met au service de notre Cœur, elle peut accomplir de grandes choses et devenir une alliée très précieuse nous aidant à atteindre la réalisation de nos buts.

Il faut apprendre à dire à notre mental qu'il travaille bien pour nous, même très bien, mais qu'il est en fait au service des désirs de notre « Cœur ».

Quand le mental se met au service des choix de notre Cœur, la Vie est, par la suite, beaucoup plus simple et bien moins compliquée. Pour ce faire, le « trop-plein » du mental doit être libéré par le calme de la méditation et la pratique de la *« **Paix intérieure** ».

S'il y a un « trop-plein » du tourbillon de la Vie ou dès que j'en ressens le besoin, j'ai juste à m'asseoir et prendre deux minutes de mon temps pour remettre les pendules à l'heure et ainsi me reconnecter au Cœur.

Vous trouverez au chapitre XI, à la section 2 (Les bienfaits de la RESPIRATION… Le Prâna Source de Vie !), des informations sur un exercice de respiration sur la *« Paix intérieure » que vous pourrez pratiquer n'importe où, pour ressentir le calme et la paix intérieure rapidement dans votre vie.

La méditation, la respiration, le silence, les pranayamas, le Yoga, et les techniques de Tao du Cœur sont les moyens les plus puissants que je connaisse pour faire le vide du mental, me recentrer et me remettre sur la voie que je souhaite vivre tous les jours. Cependant, cela exige une vigilance de tous les instants de ne pas se perdre dans le mental ou les émotions.

On doit toujours prendre le temps de se ramener à la bonne place en tout temps ! Revenir à la « Connexion du Cœur » surtout lorsqu'on vit de grosses épreuves de vie. C'est simple, nous devons nous appliquer et nous concentrer tous les jours, pour « Écouter notre Cœur ».

Mais attention ! Croyez-y ! Car lorsqu'on arrête de l'écouter, il peut arrêter de nous parler ! Nous devons donc y retourner le plus souvent possible et « Être » assidûment à son écoute !

♥ 6 | Comment faire la « Connexion du Cœur » ? ♥

L'énergie de la Terre s'élève jusqu'au Cœur et l'énergie du Ciel (l'énergie Universelle) descend par la tête jusqu'au Cœur afin de nous harmoniser avec la Source de Vie.

Notre « Cœur », qui bat au centre de notre corps, est source de Vie et d'amour. Il renferme une sagesse et une connaissance d'une extrême grandeur, qui attendait seulement que nous les contactions.

Beaucoup plus facile à dire qu'à faire, que de penser, de parler et d'agir constamment avec son Cœur. Il s'agit d'un travail assidu et constant qui se fait par l'expérimentation d'une pratique vigilante et soutenue pour tout être humain désireux de s'élever spirituellement.

Comment faire la « Connexion du Cœur » pour arriver à ressentir et vivre dans cet état en permanence ?

Il faut « savoir ÊTRE » dans l'appréciation de toutes choses au lieu d'« ÊTRE » en réaction à des émotions, situations ou face à des idéaux quelconques. C'est apprendre à « se concentrer sur l'appréciation » au lieu de réagir à tout.

C'est comprendre que, lorsque les choses ne se déroulent pas de la façon dont on l'avait prévu par notre propre volonté ou comme on l'avait souhaité, il y a une « raison d'ÊTRE » à tout ça. Souvent derrière le mécontentement, il y a un « trop-plein » à évacuer avant de pouvoir ressentir la véritable « raison d'ÊTRE » de ce qui se passe.

Il faut savoir apprécier l'envers de la médaille, d'une situation donnée qui ne se déroule pas comme nous l'avions prévu ou souhaité.

La Vie sait mieux que nous ce qui doit se passer et elle orchestre tout en notre faveur. Tout ça peut aussi arriver parce que nous avons un apprentissage à faire dans une situation quelconque.

Nous devons donc découvrir le « pourquoi » des situations désagréables qui se présentent à nous, car elles ont toutes une « raison d'ÊTRE ».

Afin de, soit les changer, soit prendre des décisions en fonction de ce que l'on ressent réellement en nous grâce à la « Connexion du Cœur ».

À partir du moment où l'on commence à agir dans « **l'appréciation du moment présent** » et dans ce que la Vie nous présente comme actions et situations, on se met au diapason du rythme de celle-ci. Pratiquer « l'appréciation » d'une situation même si elle ne correspond pas à ce que l'on souhaite, permet de se mettre en symbiose avec les forces de la Vie.

Cette Source Universelle nous présente toutes les étapes nécessaires à faire, une à une, pour notre évolution et notre mieux-être. On découvre ainsi l'opportunité qui se cache derrière une déception. Et on se rend compte qu'une situation à laquelle on s'attendait se déroule parfois différemment pour notre mieux-être.

Finalement, ce qui s'est passé est peut-être ce qui est le mieux pour nous. Si on se donne la peine d'y réfléchir, nous comprendrons que tout était parfait !

Il y a toujours une « opportunité » qui se cache derrière une déception… car, même si

Notez tout de suite une situation qui vous est arrivée dans votre vie dans laquelle vous pensiez voir un résultat différent.

Voyez et ressentez que ce qui est arrivé était là pour votre mieux-être.

Notez en quoi la tournure de l'événement, complètement différente de ce à quoi vous vous attendiez, a pu répondre à un besoin intérieur ou activer un changement important dans votre vie.

Rappelez-vous ! Tout a sa « raison d'ÊTRE », il suffit de le comprendre et de l'apprécier. C'est ça la sagesse ! Ça semble si facile pour les *« **Grands Maîtres** », ils ne pourraient pas « cloner » leur Cœur et esprit pour nous tous ? LOL !

Plus on s'exerce à agir ainsi dans son quotidien et à mettre ça en pratique dans notre vie de tous les jours, plus on s'aperçoit que notre vie devient de plus en plus facile. C'est comme si la compréhension de la symbiose avec la Source Universelle nous ouvre des portes, donne des réponses à des questionnements intérieurs, nous couvre d'abondance au moment inattendu.

Et c'est là que les grâces de la Vie opèrent, seulement quand on peut reconnaître que notre mental ou nos émotions ne peuvent diriger notre vie en tout temps.

La puissance de la Source Universelle avec la « Connexion du Cœur » est ce qu'il y a de plus grand. Aller avec ce qui est là, « **Go with the Flow** », diminue de beaucoup nos résistances émotionnelles et mentales parce qu'on cesse de réagir et de se mettre en mode réaction pour tout et rien.

quelque chose à y apprendre, que l'on doit effectuer un ajustement, prendre une décision importante. Ou cela signifie simplement que la « Loi du retour » agit à travers cet événement.

♥ 7 | La « Loi du retour » est la « Loi du Karma » ♥

La « Loi du retour » est effectivement la « Loi du Karma ».

« Karma ne punit pas, karma enseigne », comme disent les sages.

À travers cette « Loi du Karma », tout ce qui arrive est toujours pour notre mieux. Même si on en pense souvent le contraire ! Cette loi nous pousse à agir différemment et surtout à agir en fonction de nos véritables aspirations.

On comprend donc que **toute négligence engendre des conséquences**. Et particulièrement lorsqu'on néglige d'exprimer adéquatement qui nous sommes, d'écouter nos intuitions ou les guidances de la Vie, ou encore, d'agir en congruence avec notre « Connexion du Cœur ».

C'est dans ces moments-là qu'il y aura le plus de souffrance et de situations conflictuelles ou malheureuses qui se présenteront à nous.

C'est simple, « si le Cœur nous en dit », c'est bon et positif. Et si ça ne nous tente pas… il faut « absolument » écouter ça ! Parce que c'est « la Vie » qui nous dit que c'est mieux ainsi pour nous.

Peu importe ce que l'on fait, cela nous revient inévitablement, que ce soit positif ou négatif.

Alors, autant agir dans le sens qu'on aime, si on veut des résultats à notre goût ! :)

Quand notre corps émotionnel est trop plein de négatif, si on continue de toujours l'alimenter… eh bien, on ne peut attirer ainsi que ce à quoi on vibre et résonne.

Donc, par exemple, plus on alimente une colère, une peur, une inquiétude, plus celle-ci grandira et se produira à répétition dans notre vie.

Même chose à l'inverse, plus on est dans l'essence pure de notre motivation « d'ÊTRE » positivement, plus les résultats iront en ce sens et seront concluants pour notre mieux-être.

À chaque fois qu'il y a un « trop-plein de », la Vie se charge de nous le faire savoir !

Ainsi, une conséquence inévitable se présentera dans notre vie afin que nous en prenions pleinement conscience et que nous puissions agir de manière concrète pour « vider » le « trop-plein de ».

Souvent, une situation défavorable et à l'opposé de notre réel désir apparaîtra, afin que l'on puisse réaliser la cause de cette situation. Cette cause, la source de toute chose, n'est jamais à l'extérieur, mais plutôt à l'intérieur de nous, car tout part de soi et se réfléchit à l'extérieur. Donc, voyons clairement ce qui se passe dans notre vie et agissons correctement pour en rectifier le tir.

Apprenons enfin la leçon que la Vie veut pour nous, ainsi les bienfaits de cette compréhension arriveront par la suite. C'est incontournable, c'est la Loi Universelle !

Chapitre 4

La Résistance = Souffrance

Plus on résiste à une situation désagréable, par exemple, en évitant de prendre conscience qu'elle ne nous convient plus ou pas du tout, et plus il devient inévitable de souffrir. Plus on souffre et plus ceci indique que nous sommes en réaction à cette situation. À l'inverse, plus on accepte ce que la Vie nous présente, peu importe la raison, plus la souffrance s'estompe, diminue, jusqu'à ne plus exister. À nous de choisir ce que l'on veut !

RÉSISTANCE et SOUFFRANCE
ou
ACCEPTATION, APPRÉCIATION et MIEUX-ÊTRE !

Dans la « résistance et la souffrance », on donne de l'énergie à notre « Ego » (voir chapitre VI), qui se réjouit de contrôler notre vie.

Les résistances, les peurs, etc., viennent de l'ego et en ce sens, l'ego est négatif. Donc toute attitude négative naît de l'ego.

Il pense constamment que tout ce qu'il fait pour nous est ce qu'il y a de mieux pour nous.

Tout ce qui est « acceptation, appréciation », joie, bonheur, paix, calme, positivisme vient de l'énergie du Cœur et de la « Connexion du Cœur » et on se sent inévitablement branché à la Source Universelle.

Quand les choses vont bien, on se sent porté par la Vie comme si on avait des ailes.

Comme par hasard (et comme il n'y en a pas !), les plus grands de ce monde se laissent porter par cette grande force et puissance de la Vie. Parfois sans même savoir qu'il en est ainsi, ils acceptent ce que la Vie leur dicte et leur présente pour se rendre au sommet.

Ils se fondent dans le courant de la Vie, ils acceptent que leur vie tourne à droite ou à gauche, car elle les guide favorablement s'ils en suivent le courant.

Quand il y a « des barrières, des obstacles ou des résistances » qui se pressentent sur notre chemin, c'est parce que ce n'est pas pour nous, c'est signe que la Vie veut mieux pour nous, mieux que ce que nous avons nous-même imaginé ou qu'il y a une direction différente à prendre. Mais pour cela, il faut ouvrir nos œillères et « accepter » ce qu'elle nous présente sans s'y opposer, sans résister.

Souvent, ce n'est qu'avec le recul qu'on réalise que certaines situations étaient finalement mieux pour nous, et que la manière dont elles se sont déroulées était de beaucoup favorable pour notre mieux-être.

Se rebuter et s'acharner à aller dans une direction où il y a de la « souffrance et de la résistance » fait grandir nos blessures intérieures au lieu de les guérir.

♥ 1 | Posez-vous les questions suivantes ♥

Dans quelles circonstances de ma vie y a-t-il de la résistance ou de la souffrance ? Y a-t-il de la souffrance ? Dans ma carrière, à essayer toutes sortes de choses pour réussir, de la résistance avec mon patron ou un collègue de travail, avec ma famille, mon conjoint(e), dans mes relations amicales, mes finances personnelles, dans des projets à venir ?

Prenez un instant pour l'écrire, car en écrivant on réalise l'ampleur d'une situation. Si la résistance apparaît dans un ou plusieurs domaines mentionnés ci-haut, cela indique que nous ne sommes pas à l'écoute de ce que la Vie nous a conseillé de faire, nous sommes plutôt en résistance face à ces situations de vie.

La « Résistance » nous indique qu'il y a quelque chose de mieux qui nous attend et que nous devons lâcher prise sur nos « barrières et résistances » actuelles afin de vivre ce qu'il y a de meilleur pour nous.

Reprenez chacun des domaines où vous vivez des résistances/souffrances dans votre vie et écrivez une circonstance, survenue auparavant, de laquelle vous a été inspirée une idée, afin de contrer la situation que vous viviez… C'est certain qu'il y a déjà eu des idées, des intuitions ou des pensées qui ont traversé votre esprit pour améliorer la situation.

L'avez-vous fait ? Avez-vous suivi cette guidance déjà reçue pour vous aider ?

Dans la plupart des cas, on reçoit la guidance de ce qu'on doit faire pour se sortir d'une situation désagréable, mais les résistances de l'Ego (les peurs) nous font agir autrement.

Lorsqu'une idée ou une inspiration spontanée nous vient en tête à répétition, au moins trois fois, c'est un signe inévitable d'un grand message de la Vie pour qu'on agisse dans une direction ou l'autre. Parfois, agir en ce sens demande un effort pour sortir de notre « zone de confort », dépasser nos peurs, les résistances de l'ego et faire le saut véritable vers la « Connexion du Cœur ».

Souvent, on laisse traîner les choses dans l'espoir qu'elles s'arrangent d'elles-mêmes ou par peur d'y faire face.

Une de nos plus grandes peurs est de faire face à soi-même et d'« ÊTRE » vrai avec soi et avec la réalité de ce que l'on vit. C'est probablement la chose la plus difficile à faire… « admettre » que l'on doit prendre une décision importante pour changer les choses afin de suivre réellement la « Connexion de notre Cœur ».

L'Ego (le mental) nous fait parfois vivre beaucoup *« **d'accroires** » et nous détourne avec subtilité de notre droit chemin, celui de notre mieux-être et de notre bonheur. C'est à nous de reprendre les rênes de notre vie et d'agir en conséquence.

Dans quelles circonstances de ma vie y a-t-il de la résistance ou de la souffrance ?

Notez tout ce qui vous vient à l'esprit. Ensuite, faites les actions inverses de ce que vous faites déjà. Ainsi, vous y verrez plus clair et les choses vont commencer à s'arranger par elles-mêmes pour certaines situations.

Pour les autres situations dont vous ne voyez pas d'issue, laissez-vous guider par la puissance du Cœur, car la force de l'amour guérit tout, panse et cicatrise toute blessure, émotion, peine, colère et peur.

Arrêtez, surtout, de mettre l'emphase sur les problèmes et commencez à vous « connecter à votre Cœur », à « l'acceptation » de ces situations, qui sont là pour quelque chose.

« **Accepter** » ne veut pas dire « **se résigner** » à une situation, mais bien accepter que l'on doive changer quelque chose dans notre manière de faire, d'agir ou de penser.

Voici un exercice qui favorise le lâcher-prise sur toutes situations et qui stimule rapidement la « Connexion du Cœur ». Le pratiquer contribue à augmenter notre joie de vivre et notre bien-être intérieur.

♥ 2 | Exercice : « Le Soleil Intérieur » ♥

Description de l'exercice : « La Connexion du Cœur », mains jointes au Cœur en *« **Namasté** » par la technique de respiration « Soleil intérieur » :

▶ **Placez vos mains jointes au niveau du Cœur** et inspirez-expirez profondément, tranquillement, en voyant une belle grande lumière au niveau du Cœur comme un grand « Soleil intérieur » qui irradie ses faisceaux lumineux partout dans votre corps.

Celui-ci est alimenté directement par le grand Soleil Central en orbite autour de la Terre.

Ces deux Soleils interagissent dans un mouvement naturel de va-et-vient, et sont connectés l'un à l'autre.

Laissez ce « Soleil intérieur » grandir et rayonner de plus en plus fort au niveau de votre Cœur, s'épanouir intensément au centre de votre « Être ». Sentez sa chaleur qui réchauffe votre Cœur, panse vos souffrances et cicatrise vos blessures.

▶ **Inspirez-expirez** cette grande énergie de guérison pendant trois à quatre minutes, sans penser à rien d'autre que ce magnifique « Soleil intérieur » au centre de votre corps.

▶ Ensuite, voyez, en respirant, **la solution souhaitée** pour remplacer la résistance et la souffrance, ce qui mettra la Vie en fonction pour activer la réalisation de votre demande.

▶ **Notez vos résultats,** car vous serez probablement surpris en voyant que la Vie travaille pour nous lorsque nous prenons le temps de travailler avec elle. Nous réalisons combien celle-ci nous aime et place tout parfaitement pour nous, si nous en faisons consciemment la demande. Tout ceci, nous fait prendre conscience que nous faisons partie intégrante de ce grand « tout ».

Il est alors plus facile de dire : « **L'Univers entier conspire à mon Bonheur et met tout en place afin que je sois parfaitement heureux(se).** »

Et plus vous vous connecterez à ce grand « tout » et plus vous verrez des surprises se présenter sur votre chemin.

L'Univers vous comblera de ses bienfaits et grâces infinis, pour autant que vous soyez ouvert à les recevoir et soyez réellement « conscient » du processus.

♥ 3 | Ce que la « Connexion du Cœur » change dans notre Vie ? ♥

Découvrir l'état d'« ÊTRE » de la « Connexion du Cœur » change une grande partie de notre Vie.

L'état de nos relations personnelles, familiales, amicales, ou professionnelles se transforme pour le mieux, car cette « Connexion du Cœur », nous fait faire des choix judicieux.

De bons choix pour notre mieux-être, notre santé, notre famille, notre carrière et notre mode de vie en général.

Des choix justes et bons, faits avec discernement pour toutes nos relations, qui nous permettent de savoir comment s'investir dans notre quotidien et aller de l'avant dans l'immédiat.

« La Connexion du Cœur » ouvre des voies vers des relations personnelles joyeuses, heureuses et met sur notre chemin des surprises chaque jour. Il suffit d'« ÊTRE » attentif et de les découvrir à travers notre quotidien.

Ainsi, chacune de nos journées deviendra une quête vers les joyaux de la Vie, la surprise, les bienfaits et les grâces que la Vie nous offre. Chaque jour, il y en a, mais pour les voir il faut dégager les voiles de l'obstruction de la souffrance qui nous en empêchent.

Ceux-ci sont dus à nos croyances, à nos pensées limitatives, peurs, angoisses, inquiétudes, ressentiments, colères, jalousies, rivalités, compétitions, comparaisons, etc., tous des états d'âme qui ne permettent pas la libération des énergies ni la découverte de ce grand trésor qu'est la « Connexion du Cœur ». Des états qui sont, la plupart du temps, stimulés par les blessures qu'on nourrit au lieu de les guérir.

Une compréhension, de qui nous sommes et de nos blessures, aide à libérer nos états de déficience, de souffrance et perce le voile de l'ignorance.

Car oui ! Il faut le dire, lorsqu'on met de l'énergie sur nos souffrances, nos drames de vie, c'est, quelque part, parce qu'on est dans l'ignorance.

Malheureusement, la plupart du temps, dans l'ignorance et l'innocence de ne pas savoir comment s'en sortir.

On répète alors constamment les mêmes scénarios que l'on a appris de génération en génération par nos parents, nos grands-parents et la société en général.

Ceci ne veut pas dire que tout ce que l'on a appris est néfaste, à convertir ou à proscrire pour nous.

Pour quitter l'ignorance, on doit simplement apprendre à « se libérer de la roue du karma (négatif) » qui nous tient prisonnier dans des attitudes et comportements nuisibles pour nous.

Nous devons donc apprendre à « transformer en énergie d'amour » tout ce qui ne nous aide pas à avancer, à réaliser notre Vie à la hauteur de nos désirs et de nos aspirations profondes.

Seulement et seulement ainsi, on peut « ÊTRE » dans notre accomplissement réel et découvrir tous les trésors qui se cachent en nous, tels nos talents cachés et nos potentiels de réalisation. Plus on est conscient de ce processus, plus on se fait confiance. On fait confiance à la Vie qui est là, d'un support inconditionnel pour nous et qui nous guide dans chacune des étapes de notre évolution.

MERCI LA VIE !

♥ 4 | « Être » à l'écoute de la Vie ♥

Parfois, être à l'écoute de la Vie ne nous convient pas du tout, surtout si, sur le moment, cela change le programme de ce que nous avions prévu au cours de notre journée. Mais si on voit ce changement comme une grande aide inconditionnelle de la Vie, alors s'y ajuster sera plus facile. Vu sous cet angle, on vivra cet ajustement sans émotion ni contrariété, parce que nous savons foncièrement que tout cela arrive pour notre mieux-être et pour vivre une meilleure qualité de vie.

En guise d'exemple, voici une petite anecdote tirée de ma vie personnelle survenue au moment même de la retranscription de ces lignes :

« Aujourd'hui, j'avais prévu de faire de la comptabilité, mais je n'ai pas d'énergie. C'est une journée difficile émotionnellement, car je vis plusieurs bouleversements liés à bien des mouvements dans ma vie, notamment à la suite du décès de mon père, au règlement de sa succession, etc. Je suis fatiguée des efforts déployés ces derniers temps pour régler des situations monétaires et me sens impuissante face à tous ces événements. Les dernières années de vie de mon père furent exigeantes, d'autant plus que je traversais en même temps cette "transition de vie" importante.

Les visites à l'hôpital constantes, les ajustements, plusieurs déménagements en peu de temps, en raison de sa condition médicale, puis les préparatifs de ses funérailles au même moment que la vente de mon entreprise, en plus des démarches que je faisais pour démarrer de nouveau, en essayant plusieurs avenues vers une nouvelle carrière… OUF ! Tous ces événements rassemblés et incessants me font vivre toute une gamme d'émotions avec cette triste sensation de perdre un parent en plus d'une grande partie de ma vie, après dix-huit ans en affaires. »

Quand je suis dans un tel état, je monte dans ma salle de méditation, je prends le temps de faire quelques exercices de respiration et de libération émotionnelle, je pratique la méthode d'évacuation des « trop-pleins de ». Et, comme chaque fois lorsque ça ne va pas, je m'efforce de lâcher prise sur la situation ainsi que de prendre une pause pour faire des choses que j'aime, car même si j'ai à travailler, ça aide à me replacer !

Et là, tout à coup, je ne sais trop pourquoi, je décide d'aller retranscrire mon livre après quatre mois d'absence. Ce qui est toujours un pur bonheur pour moi !

Mon énergie revient rapidement et je m'installe confortablement pour la suite de l'écriture. Lorsque je retranscris mon livre, je syntonise ma télévision au poste satellite de la musique Spa/détente.

Étrangement, au même moment à la télé joue une musique de « ***Aeracura** : déesse de la prospérité » (ah bon, il existe une déesse de la prospérité !), suivie des chansons : *Close to you* (*Près de toi*) et de *The Day after tomorrow* (*Le jour après demain*)… Drôle de hasard ! Je comprends donc que tout s'arrangera le jour après demain, donc dans deux jours ! Et c'est effectivement ce qui arrivera puisqu'une solution monétaire apparaîtra comme par surprise…

Le jour même de l'apparition de cette belle déesse, j'ai soudainement l'intuition de rappeler un courtier avec lequel j'avais fait affaire auparavant, je le contacte et il m'informe qu'il est capable de trouver une solution. J'en suis étonnée, car ça fait des mois que je travaille pour trouver une solution afin de m'aider dans ma transition de vie. Il me dit qu'il me confirmera le tout le plus rapidement possible.

Aujourd'hui, on est « The Day after tomorrow – après-demain »… la belle déesse *« **Aeracura** » avait raison ! Je n'en reviens tout simplement pas… Une solution est apparue ! Mais je ne serai totalement heureuse que lorsque j'aurai une confirmation positive du courtier. Toute la journée, j'attends de ses nouvelles, malheureusement sans réponse. Je dis à voix haute : « *Aeracura, il va falloir que tu me prouves que tout ça est vrai, si je crois en toi ! ».

Après une longue journée d'attente, je ferme le bureau et l'ordi, franchement déçue, et m'en vais préparer le souper. Peu de temps après, je repasse devant la télé (ma télévision est encore syntonisée comme musique d'ambiance au poste satellite de la musique Spa/détente) et tout à coup je vois écrit en gros le titre de la chanson qui joue : *Aeracura*… Je monte le son et j'entends la même musique qui jouait il y a deux jours.

Je comprends vite le message ! Je pars en courant ouvrir mon ordi et… INCROYABLE, mais « VRAI »… j'ai un courriel de mon courtier qui me confirme une transaction monétaire accordée pour m'aider dans mes démarches.

Sur le coup, je n'en crois pas mes yeux, totalement fascinée par toute cette synchronicité de la Vie.

Vraiment impressionnant, d'autant plus qu'à ce même moment, mon mari et moi sommes tous les deux en même temps, presque sans emploi et dans une « transition de vie professionnelle » qui n'apporte pas beaucoup d'eau au moulin !

Mes demandes ont donc été exaucées et la Vie a tout orchestré, et rapidement ! Deux jours avant, j'avais spécifié à *« Aeracura » que ma demande était vraiment « urgente », car elle est supposée être la « déesse de la Prospérité pour les urgences monétaires ». Au point où j'en étais rendue, j'étais même prête à implorer les saints et déesses de ce monde ! Lol ! Imaginez mon étonnement deux jours plus tard, de voir un titre de musique avec l'inscription de son nom sur l'écran de ma télé ! En tout cas, moi la sceptique, je peux dire que la Vie vient de me donner toute une leçon : « **Croire en la Vie et garder la foi** ».

Tout ceci veut donc dire que lorsque la Vie nous dicte de faire quelque chose, il est vraiment préférable de le faire, car l'issue en est toujours pour notre bien. Si je n'avais pas écouté la guidance de la Vie et décidé de faire le programme de comptabilité prévu au départ, sans changer de direction, je n'aurais jamais vu à la télé les titres des chansons qui se sont avérées être en synchronisation avec mes demandes des derniers jours ainsi que des réponses à mes questions.

J'ai écouté et j'ai pu retrouver une belle énergie confortablement installée dans la verrière au son d'une belle petite musique douce. En « écoutant mon Cœur », j'ai pu recontacter mon grand bonheur d'« Être » dans l'état de tranquillité d'esprit, de paix et de calme en travaillant la retranscription de ce livre, en plus de trouver des solutions à ma situation !

Donc maintenant, quand la Vie me demande de faire quelque chose, je suis beaucoup plus vigilante, et, sans même savoir pourquoi je dois faire telle ou telle chose, **je m'exécute**, parce que je sais qu'elle me guide vers ce qui est bénéfique pour moi. Parfois, en plein milieu de la nuit, quand une pensée majeure me réveille et me dicte « d'écrire », eh bien, même si je suis tout endormie et préférerais rester confortablement au chaud dans mon lit, j'allume ma lumière et je m'y mets, les yeux à moitié ouverts. Parfois, je dois écrire pendant deux à trois heures consécutivement sans m'arrêter.

Pourquoi la Vie me demande d'écrire comme ça en pleine nuit ? Je le comprends au lendemain, c'était le moment propice à l'écriture loin du tourbillon de la Vie, dans le silence, et avec tout le temps nécessaire sans avoir à me presser. La Vie savait que c'étaient les conditions idéales, sinon dans le quotidien, ça n'aurait pas été possible. Et le plus drôle dans tout ça : le lendemain, c'est avec stupéfaction que je constate que je me réveille en pleine forme, comme si j'avais fait ma nuit de sommeil au complet malgré cette interruption de 2-3 heures.

♥ 5 | Découvrir la « Connexion du Cœur » ♥

Découvrir la « Connexion du Cœur », permet d'entrer de plus en plus en contact avec nos intuitions, aspirations et *« **Guidances Divines** ». (La notion de *« **Guidance Divine** » fait référence ici au pouvoir absolu de la Source de toute Vie. Certains l'appellent force de l'Univers, Source de Vie ou Grandeur Suprême.)

Avec le temps, j'ai appris à écouter chacune de ces intuitions, inspirations et instructions divines, car je sais qu'elles font partie du « grand tout » pour ma pleine réalisation. Mais rassurez-vous !… Je ne suis pas parfaite, loin de là ! Il m'arrive encore, à l'occasion, de perdre mon focus et de ne pas écouter ce que me dicte la Vie. Cependant lorsqu'une conséquence désagréable survient, ou qu'un événement déstabilisant fait grandir ma souffrance, je reviens vite à la maison ! « Envoie à la maison ! Pis vite à part ça ! » Lol !… Ici, je parle de la maison de la « Connexion du Cœur » bien entendu !

Sentir que l'on fait quelque chose guidé par la force et la puissance de la Source Universelle apporte un sentiment de liberté et de transformation intérieure. C'est dans le chapitre suivant que nous verrons comment développer la capacité de se libérer « des voiles » de l'ignorance, des émotions ou de l'omniprésence du mental, qui sont des entraves à notre mieux-être et à l'écoute de nos intuitions. Cette libération qui nous permet une pleine réalisation personnelle.

Et quand on agit en fonction et en congruence avec la guidance divine, ou la force de la source de la Vie, on n'a pas l'impression de travailler, de faire les choses avec effort.

Le temps s'étire et n'est plus stressant, car tout se fait naturellement, on ne ressent plus le temps, on est dans le moment présent qui nous satisfait grandement.

Le temps devient « intemporel » comme si nous étions en lien avec la puissance du « grand tout », au moment opportun pour réaliser toutes choses pour soi ou pour les gens autour de nous. Notre présence devient une aide altruiste, généreuse et sincère pour les autres. Sans animosité, amertume ou ressentiment.

La « Connexion du Cœur » fait en sorte que tout plein de petits miracles surviennent dans notre vie, souvent à notre plus grande surprise. On se sent comblé de multiples plaisirs heureux et bénéfiques. Et surtout, rempli d'un Amour incommensurable ! (Et là, au même moment à la télé joue : *L'Aurore du Cœur* !… en anglais, *The Heart of Aurora*… Quelle synchronicité !)

♥ 6 | Comment passer à un autre palier, grandir et prospérer ? Comment atteindre les sommets qui nous semblent inatteignables ? ♥

Comment faire confiance à la Vie quand on sent que tout ce que l'on fait ne se réalise pas, ne donne pas le résultat escompté ? Comment faire son chemin sans se soucier des résultats ? La vie de tous les jours a besoin de résultats tangibles. Nous vivons tous dans la réalité de nos besoins omniprésents : besoins de base pour gagner notre vie, gérer les paiements de nos factures, prendre soin de soi et de ceux qu'on aime, prendre soin de la maison, de nos possessions, etc.

Alors, pourquoi être restreint au vide ?

Cette seule question a donné suite à de grands moments d'introspection, de réflexion sur la Vie concernant cette notion de vide, de souffrances récurrentes et de peurs à dépasser afin de poursuivre mon chemin.

Soudainement, de multiples questions-réponses sont venues à moi ! Vous les trouverez aux pages suivantes…

♥ 7 | Pourquoi y a-t-il tant de souffrances récurrentes ? Questions/Réponses ♥

Un jour, alors que j'étais en méditation, dans les moments les plus vulnérables et fragiles de ma « transition de vie », et voyant que rien dans tous mes efforts et actions ne répondait à mes attentes, la Vie m'a parlé fort, très fort pour que j'entende bien le message !

La Vie :

« Pendant cette transition de vie, as-tu manqué de quelque chose ? »

Ma réponse :

« Non ! »

Et puisque la Vie me parlait, j'en ai profité pour lui poser quelques questions. Dans le texte qui suit, vous verrez les réponses apportées par la Vie à mes interrogations. Un processus de questions/réponses qui m'a beaucoup éclairée.

Je vous transmets ici cette conversation avec la Vie, car, à mon avis, ces réponses qui sont des principes spirituels généraux peuvent s'appliquer à chacun et dans plusieurs situations, selon ce que vous vivez. Mais tout d'abord, commençons par son grand message au début de cette méditation unique…

La Vie :

« Regarde ce que tu as réellement et remercie avec Gratitude. » Fais le vide : « **Répète et remets à la Vie tous tes désarrois** » :

« Mon ***Dieu** je te donne mes peines, mes déceptions, mes angoisses, mes tristesses, mes découragements, mes détresses et tensions de la vie, mes stress financiers, mes peurs de tout perdre, etc. ».

(La notion de *« **Dieu** » fait référence ici au pouvoir absolu de la Source de toute Vie. Certains l'appellent force de l'Univers, Source de Vie, Grandeur Suprême, Khrisna, Yhavé, Élohim, Allah, Seigneur Dieu, Jéhova, Jésus ou Bouddha. Nous pouvons lui donner le nom que nous souhaitons et avec lequel nous nous sentons bien, pourvu que celui-ci soit synonyme de « **Grandeur Suprême** ». À vous de choisir ce qui vous convient comme signification.)

Ma première question : « Comment aller de l'avant ? »

« J'en suis incapable, épuisée, découragée sans motivation ni intérêt, comment faire ? »

La Vie me répond :

« Fais le vide et relâche tous les débordements, jusqu'à ressentir la puissance divine en toi. »

Fais comme le Bouddha : « **Reste là jusqu'à entrer dans l'infinie possibilité de la Vie.** »

Ma réponse :

« Ouf ! Ben oui ! C'est vraiment génial, mais je vais rester là pendant combien de temps ???… Des siècles ? » Lol !

Ma deuxième question : « Quelle est ma raison d'"ÊTRE" » ?

La Vie me répond :

« Il faut avoir des buts, des objectifs, c'est la seule façon de garder le cap et d'avoir confiance en soi et en la Vie, pour que tes rêves se réalisent réellement. Que la confiance en toi-même et en la Vie soit plus grande que tes DOUTES et tes PEURS. Il faut passer par le "**Passage obligé**" des DOUTES et des PEURS pour connaître et atteindre le succès. »

Ma réponse :

« Ma raison d'"ÊTRE" est d'inspirer et d'aider les gens, mais là au point où j'en suis, il faut d'abord et avant tout que je m'aide moi-même…

Lol ! Mais je comprends que je dois faire le grand vide et dépasser mes peurs pour y arriver. »

<u>Ma troisième question</u> : « Comment faire ça ? »
La Vie me répond :
« Écris ce qui t'inspire et fais des gestes chaque jour dans ce sens. »

<u>Ma quatrième question</u> : « Qu'est-ce que la souffrance veut m'apprendre ? »
La Vie me répond :
« Même dans la souffrance, l'obscur et l'ombre, il y a de la lumière. Dans ces moments difficiles, tu dois toujours t'arrêter et revenir à toi-même afin de trouver la lumière qui est là, à l'intérieur de toi. C'est la lumière de la "**Connexion du Cœur**" qui transforme tout par son irradiation.

Demande à cette lumière intérieure de grandir en toi, de transformer les zones sombres qui font mal ou qui t'empêchent de réaliser tes objectifs, de transformer les défauts ou mauvaises habitudes qui t'empêchent parfois d'avancer (comme la procrastination qui nous fige sans être capable de se réaliser à notre juste valeur).

Demande à ta lumière intérieure de transformer toute négativité qui te fait souffrir afin qu'elle transforme le mal de la souffrance, de la peur, des déceptions, des colères ainsi que les manques de toutes sortes. Demande que tout cela soit transformé en énergie d'amour et d'accomplissement. »
Ma réponse :
« OUI ! Je comprends que "**même dans la souffrance, l'obscur et l'ombre, il y a de la lumière**"… Ce livre est le résultat de cette lumière dans ce passage obscur… »
La Vie me répond :
« Maintenant, ferme les yeux et ressens cette belle énergie dans ton Cœur et laisse-la rayonner naturellement, se répandre jusqu'à se diffuser partout dans ton corps. Relâche et laisse la **lumière de ton Cœur** faire le travail. »

Ma cinquième question : « Qu'est-ce que je dois demander à ma lumière intérieure ? »

La Vie me répond :

« L'être humain est le seul être vivant à avoir la capacité de choisir… alors, il est important de choisir ce que tu veux véritablement, car "**Il n'y a point de vent favorable pour celui qui ne sait pas où il va !**". Souviens-toi, la Vie est une question de choix, le choix de décider comment tu réagis à ce qu'elle te présente et te fait vivre.

Sois sincère dans tes demandes, car le Divin en toi est à ton service. Il agit pour le mieux en fonction de tes choix. C'est comme avoir un adjoint qui travaille pour toi, il faut savoir déléguer, le laisser faire, mais surtout lui faire confiance ! »

Ma réponse :

« Merci à la Source de toute vie ! Merci la Vie ! J'avais besoin de ce sentiment de réconfort, de sentir que je ne suis pas seule… Oui ! Je le sais, on a toujours des anges gardiens qui sont là pour nous et le divin nous guide constamment en tout temps. Merci de me ramener à l'ordre et de me rappeler que je suis une enfant de l'Univers. Et que sa puissance réside dans mon Cœur et qu'à chaque fois que j'en fais la connexion, ma vie prend tout son sens, que je vis dans le bonheur et heureuse de m'accomplir au quotidien.

Je comprends maintenant que s'il y a de la souffrance, c'est un signe de la "**Source de Vie**" pour m'aider à me ramener à mon essence et surtout de faire le plus vite possible la "**Connexion du Cœur**". Merci ! Merci ! Merci ! Gratitude ! »

Ces réponses ont su m'apporter réconfort et guidance.

Elles n'étaient pas là pour régler toute ma vie d'un coup de baguette magique, mais pour me ramener à mon essence, mon intériorité, ma « **Connexion du Cœur** ».

J'ai pris conscience que la Vie me répondait en m'apportant des techniques de recentrage, des façons de faire mes demandes à l'Univers en étant en vérité avec mon « ÊTRE » profond.

À aucun moment elle n'a abordé des sujets extérieurs précis, ce fut plutôt de l'ordre de la guidance, dans le but d'une centration permettant le mieux-être.

♥ 8 | Les Lois de l'Abondance sont toujours à l'œuvre ♥

Les Lois de l'Abondance travaillent constamment pour nous.

Méditons sur cela et concentrons-nous sur la Lumière Universelle qui permet l'avancement et apporte l'énergie créatrice de l'inspiration. Pour ressentir la force et l'amour de la « Source de Vie », il faut être capable d'ouvrir son Cœur, de s'abandonner à son amour qui guérit tout. Même nos angoisses et paniques les plus profondes et déstabilisantes (que nous vivons tous sporadiquement) doivent un jour ou l'autre être transmutées par cette grande puissance.

Quand on se sent tomber dans le gouffre, qu'on sent qu'il n'y a pas de « lumière au bout du tunnel », c'est qu'il y a du nettoyage à faire, de l'épuration des « trop-pleins » de sa vie et/ou, souvent, que la Vie veut une nouvelle orientation de vie pour nous.

Première étape :

Trouvez dans quelles parties de votre vie il y a besoin de nettoyage puis agissez pour le faire. C'est la première étape vers un mieux-être. Le reste viendra par la suite. (Voir les 14 Techniques de libération des « Trop-pleins » au chapitre XI à la fin du livre.)

Quand on a le sentiment que toute notre vie bascule vers l'inconnu, dans le néant, dans le vide, qu'on sent des petites morts de soi-même, de notre vie, de notre monde environnant, de ce qu'on est habitué à vivre, c'est parce qu'on passe assurément par une grande transformation intérieure de nos repères habituels. Et que nous traversons en même temps une « transition de vie ». Souvent, dans ces moments-là, la Vie fait exactement le contraire de ce que l'on ressent intérieurement ou de ce qu'on veut, dans le but de nous déstabiliser et de nous pousser à agir différemment afin que nous puissions découvrir de nouveaux horizons. **Nous devons donc agir autrement de ce que nous avons l'habitude de faire.**

Sans le savoir, cette « transition de vie » est souvent signe d'évolution vers un jour meilleur. C'est un mouvement d'élévation qui s'opère, mais en nettoyant tous les repères auxquels nous sommes habitués, afin d'épurer l'ancien, le « trop-plein », pour ainsi atteindre la véritable force de « Connexion et amour du Cœur ». Ben oui ! Tout ça, c'est bien beau, mais quand on passe des moments difficiles, c'est autre chose ! Notre premier réflexe n'est pas du tout de penser à la « Connexion du Cœur », croyez-moi ! Je suis bien placée pour le dire !

Mais maintenant, après avoir vécu plusieurs épreuves et expériences pénibles que j'ai dû surmonter, je m'applique à faire l'effort de revenir à la maison (la « Connexion du Cœur ») le plus rapidement possible, lorsque les choses ne vont pas, parce que vivre de malheureuses « conséquences » de vie, la madame elle n'aime pas trop ça ! LOL !

♥ 9 | La PEUR : notre plus grand blocage ♥

Nous avons souvent très peur de faire ce « Passage obligé » de la Vie, car celle-ci nous « oblige » – justement !… – à lâcher prise sur presque TOUT dans notre propre vie. Ce qui accroît notre sensibilité émotive et nous rend à fleur de peau, à cause de la peur. Cette peur de nous abandonner à la puissance infinie de la Vie, au grand tout, nous empêche d'ouvrir notre Cœur.

Les barrières, les protections et les défenses sont toutes des peurs que l'on met « inconsciemment » sur notre chemin afin de se protéger des aléas de la vie quotidienne.

Dans ce « Passage à vide », la Vie nous demande donc de lui faire confiance et d'avoir foi en elle. La Vie nous force à lâcher

toutes nos résistances, à les transmuter, à les épurer afin de laisser le « Cœur » diriger notre vie.

C'est la raison pour laquelle, lors de ces éprouvants moments d'insécurité, nous nous protégerons spontanément de certaines situations, événements ou personnes, par peur d'être blessé sur les plans affectif et émotionnel.

Ce besoin de se protéger, ressenti spontanément, en plus d'être légitime, c'est un peu la Vie qui fait en sorte de nous épargner quand nous en avons réellement besoin. Tout ça, dans le but qu'on puisse « Être » concentré uniquement sur notre « transition de vie ».

Malheureusement, si la peur, les résistances et les blocages ne sont pas dépassés, nous risquons de nous refermer de plus en plus jusqu'à en devenir des automates qui fonctionnent par principes, habitudes et gestuelles appris au fil du temps.

Si, par contre, on voit ce « Passage à vide » comme un cadeau de la Vie pour une « saine évolution » de notre condition de vie, alors la confiance en « nos intuitions, inspirations et guidances de notre Cœur » en sera facilitée.

Notre Cœur, lui, sait exactement ce qui est bon pour nous en tout temps.

« La puissance infinie de l'Univers » nous guide constamment et met tout à notre disposition pour que nous soyons parfaitement heureux ainsi qu'alignés avec nous-mêmes et notre cœur en tout temps. C'est une Loi Universelle.

♥ 10 | Transition de Vie = Évolution de Vie ♥

Ressentir une « transition de vie » liée à une « évolution de vie » est extrêmement favorable.

Au lieu de se voir perdre tout de nos repères et tomber dans le vide, il nous sera on ne peut plus bénéfique de plutôt se voir dans l'ascension vers un monde meilleur et nouveau pour soi. Cela change toute la dynamique et l'aspect global de cette « transition de vie ». Avec cette nouvelle vision de la transition, on commence à voir les aspects avantageux de la situation ainsi que les bienfaits que la Vie souhaite pour nous.

Mais comment faire ça ?

En prenant le temps chaque jour, de faire nos demandes à la Vie. En lui demandant de nous octroyer ses grâces, c'est-à-dire de nous donner la force, le courage, et la foi nécessaires pour nous aider à passer à travers cette transition.

Il faut cependant prendre les moyens nécessaires pour vider le « trop-plein », ouvrir son Cœur, lâcher prise et accepter de se laisser guider et de se faire aider.

♥ 11 | La peur de « Se faire aider » ♥

« **Se faire aider** », c'est aussi un problème majeur de nos résistances. Bon nombre de personnes n'acceptent pas réellement de se faire aider.

Elles ont appris depuis l'enfance à se débrouiller par elles-mêmes, en s'efforçant d'aller de l'avant pour réussir, vivre le succès, se réaliser ou se sortir d'une situation désagréable quelconque par leurs propres forces et possibilités, sans jamais oser se laisser porter par la Vie.

Dans le « Passage à vide », la Vie nous enseigne que ces manières de faire sont aussi des résistances et des blocages, car elles sont motivées par de très grandes peurs. Celles de l'échec, la peur du vide, la peur de la pénurie ou celle de l'abandon de soi.

**La plus grande peur étant de s'abandonner à
une « force beaucoup plus grande que soi » et
plus puissante que le mental et l'ego.**

En prendre conscience fait partie du processus.

Le simple fait de le reconnaître permet à la Source Universelle d'activer les forces et le courage nous menant vers une libération de ces schémas collectifs qui nous ont été enseignés depuis l'enfance.

Ainsi, recevoir de l'aide et accepter de « se faire aider » demande une force d'humilité et de dépassement de l'ego, qui lui, souhaite tout contrôler… mais la Vie n'a pas dit son dernier mot ! Plus on prend conscience du processus et qu'on s'ouvre à recevoir l'aide que la Vie veut nous prodiguer, sans résistance, plus le chemin de notre transition et de notre évolution est facile, paisible et heureux.

On apprend à agir en fonction de la « guidance de notre Cœur » qui est directement relié à la Source Universelle.

♥ 12 | Une phrase réconfortante lorsqu'on en a grandement besoin ! ♥

Voici une phrase réconfortante à se répéter mentalement dans les moments où l'on en a le plus besoin. Il s'agit d'une de mes phrases préférées que je me répète régulièrement pour me mettre en contact avec la Source Universelle, cette phrase dont j'ai parlé un peu plus tôt :

**L'Univers entier conspire à mon Bonheur et
met tout en place afin que je sois
parfaitement heureuse (ou heureux).**

Vous pouvez y ajouter tout ce que vous voulez comme intentions et désirs. Faites vos demandes à l'Univers ! Cette liste peut être différente de celle des « J'aime Être » déjà proposée précédemment. Il vous suffit de puiser dans votre créativité et de préciser ce que vous voulez réellement, car…

« L'Univers aime l'originalité, conspire à notre Bonheur et met tout en place pour réaliser tous nos désirs ! »

<u>Exemple</u> :

« L'Univers entier conspire à mon Bonheur et met tout en place…

▶ afin que je sois en parfaite santé,

▶ afin que je sois en union parfaite avec la guidance de mon cœur,

▶ afin que je sois en équilibre émotionnel, mental, et spirituel,

▶ afin que je sois pleinement réceptive à toutes mes intuitions,

▶ afin que je sois capable de m'abandonner facilement en toute quiétude,

▶ afin que je sois confiante face à la Vie chaque jour,

▶ afin que je sois ouverte aux bienfaits et cadeaux de la Vie,

▶ afin que je sois le rayonnement de la réussite et du succès dans toutes mes actions,

▶ afin que je sois stable financièrement,

▶ afin que je sois totalement libre et autonome financièrement,

▶ afin que je sois libre de mes horaires et dans ma planification du temps, etc., etc. »

Inscrivez toutes les phrases que vous souhaitez sur une feuille et placez-la proche, à la vue, pour pouvoir la lire au moins une fois par jour. L'idéal au lever ou au coucher, ou les deux, à lire matin et soir, au réveil et juste avant d'aller dormir.

Le faire le matin stimule notre journée dans le sens souhaité et le faire au coucher permet à notre esprit de s'épurer, de se détendre pour une meilleure nuit de sommeil, en plus d'y mettre des énergies positives dans le sens de nos désirs !

Et si vous commencez à parler durant votre sommeil, c'est peut-être signe que vos plans se réaliseront ! LOL ! Mais n'ayez crainte, ce n'est pas parce qu'on répète des affirmations le jour qu'on commence à jaser la nuit ! Lol !

Chapitre 5

Le Voile de l'Ego

Notre ego utilise toutes sortes de manières pour nous éloigner de notre « ÊTRE », y compris celle de nous faire croire que c'est ce que nous devons faire par générosité, obligation, responsabilité ou don de soi.

Il faut être perspicace pour le déceler, mais, en général, dès qu'une émotion apparaît, c'est que l'ego nous fait du trouble. L'ego ne favorise jamais de résultats positifs, quand il s'agit d'émotions négatives.

Il représente tout ce qui a trait à un sentiment émotionnel qui nous déstabilise et génère ensuite du négatif dans notre vie. Donc, il suffit d'« ÊTRE » sensible à nos peurs, nos colères, nos émotions afin de reconnaître que **la Vie souhaite nous faire voir quelque chose d'important dans notre vie.**

♥ 1 | La Vie souhaite nous faire voir quelque chose d'important ♥

La Vie veut que nous touchions à la force du « ÊTRE » à l'intérieur de nous afin que nous puissions comprendre que ce n'est pas à l'ego de diriger notre vie, mais bien à la « puissance infinie du Cœur ».

L'ego est positif quand il est au service de notre « ÊTRE », de notre Cœur, et surtout lorsqu'il contribue à l'organisation de notre vie. Là est sa pleine vocation très utile et nécessaire !

Apprendre à vivre sans toutes les croyances et les habitudes de vie demande « justement » une déprogrammation de nos schémas de vie, afin de réapprendre la voie du juste milieu en toutes circonstances. Comme il a déjà été dit ou nommé un peu plus tôt : « La Vie sait souvent bien mieux que nous-même, ce qui est bon pour nous ou non ». Et elle nous dicte en tout temps la véritable direction à prendre…

Encore faut-il savoir l'écouter et l'entendre ! Normalement, pour que nous puissions bien comprendre ses messages, la Vie les fait résonner avec toujours plus de puissance jusqu'à ce que nous ayons bien assimilé notre leçon de Vie.

Tout au long de notre vie, nous ferons et intégrerons les leçons et les apprentissages nous guidant à « Être centré », et à vivre avec la « Connexion du Cœur » en tout temps.

Et plus nous nous y appliquerons, plus la Vie nous offrira ses joyaux de bonheur, de paix et d'amour. Elle aligne pour nous ce qui doit être mis en place pour être heureux.

Même si parfois, au départ, nous ne le voyons pas ! Surtout lors d'une « transition de vie ».

C'est souvent bien plus tard que nous réalisons à quel point tout était parfait ! Malgré la tristesse et la souffrance que ce changement nous aura fait vivre et infligé…

♥ 2 | Alors, pourquoi ne pas laisser la Vie nous guider ? ♥

La Vie est une source infinie de bonté pour nous, telle une mère qui prend soin de son enfant avec tout son amour.

Elle est là pour nous à chaque instant, même si nous n'en sommes pas conscients, en raison d'un « trop-plein » de souffrances provenant du voile de *« **l'ignorance** » (l'ego). Ouvrons-nous à la grandeur de sa puissance et à ses ressources infinies.

La Source Universelle peut tout pour nous, car nous sommes ses enfants de Lumière. Faisons-lui confiance, c'est le plus grand défi de notre vie et le plus beau des cadeaux que l'on puisse lui faire. Se laisser bercer par son amour, sa douceur, sa tendresse apporte beaucoup de candeur et de joie de vivre.

C'est un peu ce que l'on vit lorsqu'on part en voyage et qu'on se laisse aller au gré du vent, à vivre le moment présent sans se soucier de tout, juste se laisser aller à vivre intensément et découvrir avec joie ce que la Vie a à nous offrir…

On voudrait tellement vivre comme ça tout le temps !

C'est par sa « guidance » que la Vie percera le voile de l'illusion (l'ego) que l'on entretient dans notre vie de tous les jours. Elle veut nous faire voir et nous faire ressentir les vraies beautés de la vie, à chaque instant, dans notre quotidien.

Car le paradis, il n'est pas au Ciel, mais bien vécu ici même, à travers notre expérience terrestre.

Décider de le vivre demande une vigilance de chaque instant pour se ramener à l'essentiel.

C'est-à-dire « ÊTRE » concentré sur nos réels besoins et notre motivation de vivre, sans être berné par le voile de l'ignorance et de l'illusion que l'ego nous propose sans cesse pour nous faire croire que c'est ce qui est meilleur pour nous.

**Revenir à soi et à la « Connexion du Cœur »,
c'est avoir le courage d'« ÊTRE » à l'écoute
de la Vie, de se laisser guider par elle et d'en
récolter les multiples bienfaits.**

♥ 3 | Choisir son Cœur, c'est choisir d'être heureux ! ♥

C'est très bien de se choisir, car ça permet d'éliminer une ancienne vie qu'on n'est plus capable de vivre et de laisser place à une nouvelle vie plus adaptée à nos besoins réels.

Il faut juste « ÊTRE » conscient de cette transition et faire le cheminement avec douceur vers cette nouvelle vie ! Et soyez certains que cette Mère Universelle, la Vie, sera au rendez-vous pour vous aider à vous diriger vers ce qu'il y a de mieux pour vous… Écoutez-la attentivement, elle vous guidera avec beaucoup d'amour, car elle nous souhaite à tous le plus grand des bonheurs.

Elle vous dictera comment choisir votre « Cœur » pour être heureux !

Merci la Vie !

Chapitre 6

Le Cadeau de la Compassion

Le cadeau de la compassion vient de l'ouverture du Cœur, de la « Connexion du Cœur » en lien avec le grand plan de la Vie, avec ce qui est plus grand que nous.

Aussi, nous touchons à la puissance infinie de la Vie par la guérison, l'amour, la bonté, l'altruisme et la compassion.

Grâce à la « Connexion du Cœur », lorsque quelque chose de positif arrive dans notre vie, nous en ressentons de la gratitude, de la joie et de la reconnaissance.

Mais parfois, même dans une situation positive, nous pouvons être déstabilisés et sujets à de grandes émotions, car, comme le disent si bien les sages, « L'humain n'aime pas le changement ». Cela peut engendrer la peur de l'inconnu, de vivre de la terreur face à ce qui est nouveau. C'est dans ces moments-là que la « Connexion du Cœur » nous aide à dépasser ces états d'âme, transcender ces circonstances.

Si un contexte négatif se présente dans notre vie, au lieu de réagir à une personne ou à l'incident qui nous déstabilise, qui nous crée de la peur, de la colère ou de la déception, nous devons faire l'effort de nous recentrer afin de prendre des distances et du recul face à la situation. Et surtout prendre conscience que nous devons faire le plus rapidement possible la « Connexion du Cœur ».

Par la suite, nous comprenons que notre ouverture du Cœur nous permet de transcender automatiquement ces contingences et de ressentir l'état « d'Amour de la Compassion » pour une personne ou un événement donné.

En état de compassion, nous ne sommes pas dans « la réaction à », ni en position de victime qui favorise l'énergie réactionnelle ou dans un état de défensive en montrant nos carapaces, nos armures vis-à-vis de l'autre ou face à une complication quelconque. Dans l'état de compassion, nous devenons observateurs et ajustons, par le fait même, ce qui nous convient ou non à travers cette situation. Nous apprenons ainsi à voir et à comprendre le meilleur qui résulte de cette adversité pour ensuite transformer tout en amour, même si les avantages sont parfois difficiles à constater sur le coup.

Chaque mésaventure est là pour qu'on puisse apprendre sur nous-même et aussi des autres. Tout le monde n'a pas nécessairement à faire partie de notre vie à long terme, une fois la ou les leçons apprises dans la relation.

Lorsque la « Connexion du Cœur » est établie et les apprentissages faits, la relation nous aura enseigné ce qu'il fallait et par conséquent les difficultés de celle-ci ne seront plus présentes. Ensuite, s'il n'y a plus rien à apprendre, la Vie mettra autre chose sur notre chemin. Si la relation est bénéfique, celle-ci pourra perdurer.

Quand nous sommes dans la véritable compassion, nous devenons simplement « observateurs de la situation » avec une grande compréhension du Cœur. Être dans la compassion, c'est voir que « cela ne

nous appartient pas », tout en étant « compréhensif » face à ce que l'autre vit.

La compassion ne signifie pas non plus d'être dans le rôle du sauveur pour l'autre. Nous comprenons le mal-être ou la peur de l'autre personne qui, elle, peut réagir fortement face à des expériences et impondérables malheureux de la Vie. Ainsi, même si la personne devant nous se défend avec toutes ses barrières, armures, barricades de colère, impulsivités et mots déplacés, nous sommes compatissants. Ces défenses reflétant de grandes peurs, la personne fait tout pour se protéger intérieurement.

Ce bouleversement émotif est tout aussi vrai pour soi-même lorsque nous vivons à notre tour, de façon spontanée, des états émotionnels d'urgence. Quand la colère, les réactions impulsives ou violentes sont là, cela signifie que la personne qui est en face de nous ou nous-même avons peur de ne pas être à la hauteur ou avons peur de perdre quelque chose dans cet épisode de vie. La personne se défend ardemment pour protéger ce qui lui reste.

À travers toutes ces péripéties, nous apprenons finalement à développer de la compassion vis-à-vis de l'autre ou soi-même, au lieu de réagir à sa détresse ou à la nôtre.

Avoir peur et réagir fortement est une défense de l'ego, et ce dernier agit intensément parce qu'il pense toujours nous protéger de quelque chose de dangereux.

♥ 1 | Les mots du Cœur ♥

Éprouver de la compassion pour soi-même et les autres fait émerger les sentiments de l'amour, de l'harmonie, de la paix et de la guérison du Cœur.

C'est comme un *« **Grand Maître** » en arts martiaux. Quand un grand coup arrive, il a la sagesse de se tasser pour le laisser passer et prendre du recul plutôt que de réagir, de s'y opposer et de se battre en retour.

Ce qui ne veut pas dire ne plus exprimer nos sentiments dans une situation conflictuelle. Au contraire, les exprimer avec calme et sagesse est très bénéfique, si l'on parle de nos émotions et de ce que l'on ressent avec les « mots du Cœur ».

Souvent, du même coup, on arrive à se mettre à la place de l'autre, à comprendre son attitude et son point de vue, puis de là émergent les sentiments de compassion et de bonté du Cœur.

On perd beaucoup d'énergie à se battre, à se confronter et toujours réagir à tout et rien dans nos vies. Si on mettait autant d'énergie à se concentrer sur la « Connexion du Cœur », on verrait que le chemin de la guérison est beaucoup plus facile et se fait de lui-même.

En travaillant sur soi et notre « ouverture du Cœur », on s'aperçoit que les choses se placent d'elles-mêmes dans la Vie. On comprend que les personnes ou les situations, où il y avait un différend, des distances ou de la discorde, s'harmonisent soudainement en étant tout simplement dans la « présence du Cœur ».

La plupart du temps, on n'a même pas besoin de parler à l'autre. Il suffit de lui envoyer de l'amour et lui exprimer, dans son Cœur, la compréhension de la situation.

Ça se rendra, c'est certain, car tout est énergie, et nous serons même surpris de découvrir que l'autre personne a soudainement elle aussi ouvert son Cœur à son tour !

♥ 2 | Exercice : « Les mots du Cœur » ♥

Petit exercice simple, rapide et tellement efficace en tout temps !

En fermant vos yeux et les mains jointes sur votre cœur, parlez à cette personne avec laquelle vous avez un différend, de « Cœur à Cœur ». Comme si elle était là, présente devant vous, parlez-lui avec les « mots de votre Cœur ».

Expliquez-lui vos sentiments, ce que vous vivez intérieurement et ce que vous comprenez de la situation, de vos agissements et des siens.

Essayez-le, vous verrez bien les résultats extraordinaires de la guérison du Cœur !

Comme des petits miracles et cadeaux de la Vie !

♥ 3 | La libération des conflits ♥

Trouvez des situations dans votre vie où la compassion du Cœur vous permettrait de vous libérer d'une situation conflictuelle avec quelqu'un. Essayez l'exercice et si vous êtes réellement dans votre Cœur, voyez combien la situation s'arrange d'elle-même.

Si vous n'êtes pas capable de pardonner, soyez, malgré cela, dans la compréhension de la situation pour vous-même et l'autre personne.

<u>Exemple :</u>
(Dites dans votre Cœur)

▶ « Je comprends que tu sois en colère parce que tu as peur de ne plus être à la hauteur, je comprends ce que cela signifie d'avoir peur de ne pas être à la hauteur, car il m'arrive à moi aussi de le vivre dans ma vie. »

▶ « Je comprends que vous me rejetiez parce que vous avez peur de ne plus être les meilleurs et de perdre votre place. Je comprends cette peur de perdre votre place, car c'est aussi ce que je vis dans cette situation ou dans d'autres situations de ma vie. »

▶ « Je comprends le sentiment de jalousie que tu vis à mon égard, parce que je sais que cette rivalité est signe que tu aimerais être à ma place ou dans une situation similaire. Je comprends tout ça, car moi aussi je souhaiterais à l'occasion vivre certaines choses différemment en voyant la vie des autres… ou la tienne, même si je sais qu'il est préférable pour notre mieux-être de ne pas se comparer. »

▶ « Je comprends que les choses sont compliquées pour toi et ta vie parce que tu as peur de perdre ta liberté dans cette relation. Je comprends que tu as peur de perdre ta liberté parce que moi aussi j'ai peur de perdre la mienne à ton contact. »

▶ « Je comprends que tu as peur de l'engagement par peur de ne pas être à la hauteur, car la peur de l'engagement, c'est la peur de l'inconnu qui fait naître aussi la peur de perdre sa liberté personnelle et/ou d'avoir trop de responsabilités éventuelles difficiles à gérer. Je comprends bien cette situation, car je dois souvent réfléchir avant de m'engager dans un projet quelconque, à travers des situations décisionnelles en lien avec la famille, les amis, la carrière. »

▶ « Je comprends que tu as des raisons pour ne pas faire ceci ou cela parce que tu as peur de perdre ta liberté de choisir, de faire ce que tu veux quand tu le veux, etc. Je comprends tout ça, je le vis moi-même à travers différentes situations dans ma propre vie. »

Pour faire la libération du conflit, il faut être objectif face à la situation et rédiger la phrase à dire à la personne ou situation concernée avec l'énergie du Cœur.

C'est-à-dire, **« faire comme si » vous parliez à l'autre personne devant elle**, en lui parlant en toute sincérité avec votre Cœur, en parlant au **« JE »**…

L'énergie se rendra au Cœur de l'autre comme si vous étiez en sa présence. Si vous avez de la difficulté à l'imaginer devant vous, placez une photo de cette personne proche de vous et faites l'exercice.

Si on réagit à une personne et qu'on a un conflit à régler, c'est que la personne devant nous n'est que le reflet de ce l'on **n'accepterait pas de**

faire, d'agir ou d'« ÊTRE ». Elle est le reflet de ce que l'on n'accepte pas en nous. Nous n'accepterions jamais de faire comme elle et d'agir ainsi !

On s'empêche de le faire en raison de différentes croyances limitantes apprises par les enseignements de la société, de ce qui est correct ou non, ou par des valeurs apprises de nos parents.

Cette personne se donne le droit d'être comme ça, et la plupart du temps, sans même se rendre compte qu'elle nous dérange grandement. Et elle s'en donne le droit, car elle ne ressent aucune limitation ou aucun empêchement pour le faire !

En faisant le « chemin de la compassion » par l'ouverture du Cœur, c'est d'abord à soi-même que l'on fait du bien et ce sont « nos propres blessures » que l'on guérit ainsi.

♥ 4 | Les conséquences de la peur de perdre ♥

Les « peurs de perdre » sont souvent reliées à la peur de perdre sa dignité, sa liberté, peur de perdre la face (sa crédibilité), peur de perdre son argent, peur de perdre son autonomie, peur de perdre ce que l'on a déjà, peur de perdre son pouvoir, sa puissance, le contrôle sur sa vie, le contrôle sur les autres, peur de perdre l'amour, l'attention, peur de perdre la confiance, le courage, peur de perdre l'amitié, etc.

En général, « les peurs » sont toujours des peurs de perdre quelque chose pour « soi-même ».

Mais on a le choix, choisir la peur qui nous restreint dans le « mal et la souffrance » ou choisir « l'amour et la compassion ». On peut faire l'exercice pour soi-même et sa vie personnelle.

Exercice :

Trouvez une situation importante, qui vous cause du trouble ou qui est conflictuelle dans votre vie et notez ce que vous avez peur de perdre dans cette situation.

Ça vous aidera par la suite à faire la paix avec cette perte et prendre conscience qu'elle n'est pas réelle.

Exemple :

1) « *Je me comprends de réagir par la colère vis-à-vis de telles personnes ou telles situations de ma vie,*

a) Choisissez et notez votre situation (Exemple : écrire quelles personnes ou quelles circonstances)

____

et de vivre des attitudes comme celles-ci

b) Notez ce que vous vivez (Exemple : Écrire les émotions que vous vivez, décrivez-les)

____

car j'ai eu peur de perdre

c) Notez votre peur (par exemple la peur de perdre son amitié, son affection, son amour, sa présence… etc.) »

____

Ce qui donne ceci : (complétez la phrase)

« Je me comprends de réagir par la colère vis-à-vis de telles personnes ou telles situations de ma vie, vis-à-vis de… a) et de vivre des attitudes comme celles-ci… b), car j'ai eu peur de perdre… c).

2) Vous pouvez aussi « **noter les peurs** » qui vous ont empêché de vous réaliser, par exemple :

« J'ai eu peur de ne pas être à la hauteur et de ne pas être capable de lui prouver ma réussite, etc. »

♥ 5 | « S'accepter » et « Accepter l'autre » ♥

Puisque tout part de soi, ce n'est jamais la faute de l'autre ou à cause de l'autre que l'on vit des désappointements et parfois de grandes déceptions. On doit arriver à « s'accepter » soi-même tel que nous sommes dans toutes nos dimensions, forces et faiblesses, pour arriver à « accepter » l'autre tel qu'il est… Surtout quand on sait qu'on ne peut changer personne ! Sauf soi-même !

La vraie force de la compassion vis-à-vis de l'autre réside dans « l'acceptation de ses choix personnels », même si cette personne n'agit pas en fonction de nos valeurs, de nos croyances ou de nos pensées.

La vraie ouverture du Cœur, c'est aussi « d'accepter » l'autre dans sa différence, à travers tous ses choix, même si ceux-ci ne sont pas bons pour lui ni pour nous.

La personne devant nous n'est pas « obligée » de suivre le même chemin que nous faisons et n'est peut-être pas destinée au même genre de route que la nôtre. Tous les chemins sont différents et avec les expériences de la Vie, on finit par comprendre que finalement « tous les chemins mènent à Rome ! ».

Mais au fait, pourquoi ont-ils choisi la ville de Rome ? Québec est tout aussi désignée ! « Tous les chemins mènent aussi à Québec ! » Lol ! En plus, la ville de Québec est cotée meilleure ville touristique au Canada, mais là j'avoue que j'en parle parce que j'ai un petit parti pris, j'y suis née ! Lol !

Donc, certains chemins sont plus légers et agréables, certains sont parfois plus tortueux et difficiles que d'autres à réaliser, et d'autres, plus radicaux… Mais tous ont leur raison d'être pour atteindre l'évolution et la liberté de l'âme… et tous mènent à Rome ou à Québec !… À vous de choisir !

À chacun son chemin, quand on « accepte » ça, on développe un grand sentiment de respect de l'individu, car il y a « acceptation » de l'autre sans jugement et dénigrement. L'acceptation de l'autre ouvre les Cœurs les plus fermés et favorise de multiples guérisons interpersonnelles.

Avoir de la vraie compassion pour autrui, c'est laisser l'autre « Être » entièrement ce qu'il est, dans sa personnalité, ses attitudes, ses choix de vie.

Parfois, on pense avoir une solution idéale qu'on propose à une personne qu'on aime, considérant celle-ci comme étant le mieux à faire pour elle-même.

Mais cette solution n'est peut-être pas en réalité celle qui lui convient le mieux. Essayer de la convaincre de la meilleure chose à faire pour elle, vient de l'ego qui veut tout contrôler et qui pense avoir la meilleure solution pour cette personne, ce qui n'est pas toujours le cas. Bon nombre de gens agissent de la sorte, par ignorance et en pensant réellement et sincèrement aider l'autre personne, alors que cette dernière, la plupart du temps, ne sollicite pas d'aide de qui que ce soit…

Parfois, vouloir aider cette personne, ce n'est pas vraiment l'aider et par conséquent, cela peut faire en sorte qu'on ne s'aide pas soi-même. Si on veut trop aider cette personne, celle-ci ne pourra pas franchir les étapes de sa propre évolution. Chacun doit déterminer le rythme de sa croisière, avec qui et comment la vivre. Comme on dit : « Aide-toi et le ciel t'aidera ! ».

Ceci ne veut pas dire ne plus être bon ou généreux envers quelqu'un qui en a besoin, mais arriver à offrir notre aide avec bon jugement et discernement, et parfois, dans certaines circonstances, seulement si la personne en fait la demande.

On doit comprendre et accepter que la personne doive aussi faire un bout de chemin seule. Comme un enfant qu'on aide à marcher au départ, vient un temps où l'on doit le laisser faire les autres pas tout seul, sans trop intervenir. C'est la seule façon pour lui d'apprendre. Il se cognera probablement sur un meuble, une table, trébuchera, mais se relèvera pour continuer son apprentissage.

C'est ça, la beauté de la Vie !

Il y a toujours une petite flamme qui est là, à l'intérieur de nous, pour nous aider à aller de l'avant. Dès qu'on se détourne de notre propre chemin, la Vie se charge de nous ramener droit dedans !

Merci la Vie !

Souvent, c'est par des circonstances désagréables ou par des conséquences à certaines décisions ou quelques gestes mal choisis que nous comprenons finalement vers où aller, comment le faire et quand. Nous apprenons de nos expériences.

Plus on est dans l'« ÊTRE », plus on est en contact avec la guidance que la Vie veut pour nous.

Ça nous permet du même coup de comprendre ce que l'autre devant nous ressent dans son « ÊTRE », ce qu'il vit en réalité, même si ses choix diffèrent des nôtres.

C'est ça « **l'Amour inconditionnel** », la réelle compassion de l'ouverture du Cœur.

À partir de ce moment-là, il n'y a plus de résistances, de blocages qui empêchent le lien d'amour de circuler entre deux personnes.

♥ 6 | Exercice sur la Compassion ♥

▶ Écrivez maintenant deux situations pour lesquelles vous sentez de la résistance entre vous et une autre personne.

▶ Voyez et décrivez sur une feuille comment vous pouvez l'accepter pleinement dans ses agissements et attitudes même si ça ne correspond pas à vos valeurs. C'est à ce moment-là que le fil conducteur vous reliant l'une à l'autre sera libre de toute entrave.

« Accepter l'autre », c'est comprendre ses peurs, ses impuissances, ses colères, ses difficultés, ses états d'âme, ses épuisements, ses valeurs profondes, ses choix et c'est lui donner la liberté de se réaliser comme bon lui semble.

Essayer de la convaincre, c'est lui dire : « Toi, tu n'as pas raison, mais moi oui, j'ai la réponse que toi tu n'as pas »… Cela peut s'avérer juste et vrai, mais la personne doit faire le chemin nécessaire pour découvrir elle-même ses réponses.

Sinon, c'est notre propre ego qui souhaite prendre le contrôle et faire à sa manière dans la domination ou le pouvoir.

Arriver à « ÊTRE » dans « l'acceptation et l'ouverture du Cœur » permet de « libérer le pouvoir et l'emprise de l'ego » sur nous et dans notre vie.

C'est pour cela qu'il est si difficile de passer de la tête au Cœur. Un bout de chemin de « lâcher prise » est à faire entre les deux ! En fait, je pense même que c'est le « tuyau » de l'un à l'autre (le cou) qui rend le travail si difficile ! C'est trop serré ! Ça ne passe pas !…

Non, mais… il faut bien rire un peu et trouver une excuse quelque part ! LOL !

Tout ce travail ne se fait que par une vigilance assidue et accrue de notre ressenti vis-à-vis de soi-même et des autres. Mais quand nous atteignons « la compassion du Cœur », c'est beaucoup plus le paradis que nous vivons sur Terre. Ainsi qu'une grande joie de vivre qui découle de cet accomplissement du Cœur.

« Accepter l'autre » inconditionnellement nous permet à nous aussi de nous « accepter » pleinement dans l'ampleur de qui nous sommes, avec nos réactions favorables ou défavorables et de développer de la compassion pour soi-même.

Chapitre 7

Plonger dans le « vide »

A vez-vous déjà eu le sentiment de devoir passer à autre chose dans votre vie ? De devoir faire un changement important dans votre cheminement ?

Mais qui est difficile à faire parce qu'il fait peur…

Plonger dans le vide fait mal, car nous devons accepter de voir réellement qui nous sommes et découvrir en profondeur tous les angles de notre personnalité.

C'est accepter d'« ÊTRE » face à soi-même dans toute sa vulnérabilité.

En acceptant de passer par ce passage difficile, qu'est « plonger dans le vide », on découvre nos grandes compétences. Car la Vie nous oblige à nous purifier, à nous libérer de ce qui nous empêche d'aller de l'avant, ainsi qu'à aller voir jusque dans le fond de l'obscurité pour toucher à l'âme.

Ainsi, le sentiment de peur et d'impuissance n'aura plus la même force sur nous, ni la même signification, car nous aurons touché à plus grand que soi, c'est-à-dire, à la force du Cœur et de l'amour qui guide notre vie beaucoup mieux que nous-même ! Sans résistance, blocage, tension, attente, déception, chagrin ou tristesse. Plongez dans le vide jusqu'au fond de vous et faites le grand ménage.

(Nous verrons plus en détail, au chapitre XI, des techniques pour effectuer ce « grand ménage ».)

♥ 1 | Doit-on pleurer ? ♥

Oui ! Pour commencer, vous pouvez pleurer si vous en avez besoin. Pleurez pour cesser d'attirer l'énergie de la perte et de la tristesse. Pleurez pour libérer une partie des « trop-pleins ». Souvent, les gens s'en empêchent parce que la société nous a appris à nous retenir et à toujours montrer notre côté fort.

La Vie, c'est aussi exprimer ce qui ne nous convient pas. Le but est d'arriver à mieux gérer nos émotions par une libération saine, au lieu d'un refoulement excessif.

Pour ce faire, nous devons libérer « l'énergie de la *__Forme-Pensée__ négative » à l'intérieur de nous et cesser de toujours l'attirer vers nous.

Car tant qu'elle s'y trouve, elle attire les événements qui se succèdent sans fin autour de nous, puisqu'on attire ce qu'il y a à l'intérieur de nous !

C'est une Loi Universelle, la « LOI de l'ATTRACTION ».

Quand on cesse d'émettre la *« **Forme-Pensée** » négative, on cesse de l'attirer et de la revivre à répétition dans son quotidien.

Il nous faut demander à la Lumière de nous éclairer, de nous guider et de nous purifier le corps et l'esprit. C'est tout ce qui compte !

La tristesse est signe d'un grand besoin de « Lumière dans son Cœur » et signifie que celui-ci est en manque d'amour. L'important est de se concentrer sur la « Lumière de son Cœur » et cultiver la force du « ÊTRE » plutôt que sur nos performances dans le « FAIRE ».

♥ 2 | Pas besoin de « Faire » pour « ÊTRE » ♥

La vitrine de la vie moderne, nous oblige à « ÊTRE » dans le « Faire » et de « Faire » toujours plus et toujours plus vite. Cela crée un sentiment d'urgence comme si tout n'était pas comblé dans notre vie. Et génère impuissance ainsi que culpabilité, ce qui représente les essences mêmes du ralentissement de notre évolution. Le « passage à vide obligé » et le sentiment du détachement sont nécessaires pour toucher l'« ÊTRE ».

Si les choses ne bougent pas d'elles-mêmes, n'avancez pas plus loin. Ne forcez pas le futur, il est préférable de faire les choses par intuition : « Go with the flow »… « D'aller avec ce qui est ».

Allez là où votre Cœur vous dicte d'aller, une journée à la fois, une heure à la fois.

Comment faire pour « ÊTRE » ?

En atteignant la partie la plus profonde de notre « ÊTRE », par le calme et le silence, et en ressentant la « Lumière de son Cœur ».

« ÊTRE » = RESSENTIR

« ÊTRE », il n'y a rien au monde qui puisse susciter autant de réconfort que ceci, même pas la reconnaissance de ses pairs, ou l'amour que les autres veulent nous donner…

Car tout part de soi et on doit combler notre mieux-être par soi-même. L'estime de soi se trouve dans l'« ÊTRE » et une fois qu'on y touche : **L'Univers entier conspire à notre Bonheur** dans toutes ses dimensions.

Quand l'esprit nous dicte qu'il n'est plus capable d'aller dans une direction quelconque, il faut l'écouter, car tout cela est là parce qu'un autre chemin veut s'ouvrir pour nous. Un chemin qui implique parfois le « passage à vide » pour y arriver, afin de vivre ce qui est le mieux pour nous.

Tout cela sans fuir aucune des étapes de ce passage, s'appliquer à le traverser en profondeur, « plonger dans le vide », parce que finalement, « au bout du tunnel, il y a toujours la Lumière ! »

> **« Le Cœur ouvre le chemin » vers les bonnes opportunités, nous aide à suivre le courant de la Vie et il nous guide dans la bonne direction.**
>
> **Le « contrôle (l'Ego) » vous mène où vous ne devez pas aller et il vous emmène toujours dans la mauvaise direction.**

Il faut « lâcher prise » sur nous-même et sur nos résistances pour écouter le chemin de notre Cœur.

Oser « ÊTRE » qui nous sommes vraiment permet la mise en place de notre véritable Destin !

Et maintenant, faites une liste de tout ce que vous voulez « ÊTRE », ce qui confirme à votre Cœur que vous avez bien compris ce qu'il est réellement…

♥ 3 | Exercice de manifestation de tout ce que vous voulez « ÊTRE » ♥

Faire la liste de tous les « ÊTRE » que vous souhaitez pour réaliser votre Vie et votre Destin !

<u>**EXEMPLE**</u> :
▶ Je suis ici pour « ÊTRE » à l'écoute de mon Cœur…
▶ Je suis ici pour « ÊTRE » épanouie en Amour,
▶ Je suis ici pour « ÊTRE » fidèle à mes aspirations et convictions personnelles,
▶ Je suis ici pour « ÊTRE » le bonheur, la sagesse, la bonté,
▶ Je suis ici pour « ÊTRE » la paix, le calme, la compassion,
▶ Je suis ici pour « ÊTRE » en parfaite santé,
▶ Je suis ici pour « ÊTRE » dans le moment présent,
▶ Je suis ici pour « ÊTRE » guidée par la Vie,
▶ Je suis ici pour « ÊTRE » la réussite,
▶ Je suis ici pour « ÊTRE » comblée par la Vie !,
▶ Je suis ici pour « ÊTRE » la prospérité, l'abondance, la richesse,
▶ Je suis ici pour « ÊTRE » une entrepreneure à succès,
▶ Je suis ici pour « ÊTRE » l'expression de tous mes talents,
▶ Je suis ici pour « ÊTRE » pleinement heureuse, etc.

Faites cette liste, la plus complète possible, et placez-la sur un tableau d'affichage, sur le réfrigérateur, dans votre bureau, votre chambre ou sur un miroir, afin qu'elle soit à la vue tous les jours. La voir et la regarder chaque jour imprègne toutes vos pensées qui deviennent en symbiose avec votre essence véritable et manifestent par surcroît tout ce que vous voulez réellement !

Oui ! Vous allez me dire… Mais il y a beaucoup de listes à écrire… Laquelle choisir ?

Voici un résumé des trois exercices différents de « liste à écrire » ou à « dire verbalement » pour manifester une vie heureuse comblée d'abondance de toutes sortes, en lien avec vos valeurs et aspirations profondes.

1) L'exercice du chapitre III, faire la liste des « **J'aime être** » :

▶ Active la « **Loi de l'Attraction** »,

▶ Met en place le mouvement qui permet à nos objectifs de se réaliser. Cette liste « accélère la réalisation » de ce que nous souhaitons vraiment dans notre vie.

2) La liste du chapitre IV :

Faire la liste de « **l'Univers conspire à mon Bonheur…** » consiste à :

▶ Envoyer vos demandes directement à l'Univers de manière spontanée, en y mettant de la créativité, de l'originalité,

▶ Sentir votre lien instantané avec celui-ci,

▶ Répéter cette phrase réconfortante permet d'atténuer les périodes difficiles de la vie, de se mettre en contact avec la Source Universelle dès que ça ne va pas et de sentir immédiatement que nous sommes soutenus par une force beaucoup plus grande que nous.

3) La liste du chapitre VII :

Faire la liste des « **Être** », comme dans l'exemple ci-haut (**Je suis ici pour « ÊTRE »…**)… représente :

► Tout ce que nous sommes réellement, ce que « notre Cœur » rayonne,

► Manifeste tout ce que vous voulez « Être », devenir ou améliorer dans votre vie,

► Cette liste influence l'ensemble de vos pensées, les harmonisant avec votre essence authentique.

Donc à vous de choisir la liste qui vous convient le mieux ! Ou d'alterner entre l'une et l'autre… ce qui est tout aussi bon, et ça change de la routine !

« L'Univers entier conspire à mon Bonheur et met tout en place afin que je sois parfaitement heureuse (ou heureux). »

Chapitre 8

Apprendre à Recevoir

« Apprendre à recevoir » ne permet pas le contrôle, car on doit s'abandonner au rythme de la Vie. Aux surprises qu'elle a pour nous, à ce qui est inconnu et imprévu… Que nous ne pouvons pas contrôler !

♥ 1 | Donner versus recevoir ♥

— **Donner** : c'est un geste très généreux de notre part… même si parfois c'est avoir du contrôle sur l'autre.

— **Recevoir** : c'est accepter que vous pouvez vous retrouver à la merci de quelqu'un, en étant vulnérable, ce qui peut faire peur à « l'ego », car il a peur de souffrir et de se sentir « redevable ».

Malheureusement, dans nos sociétés, nous avons souvent de la difficulté à recevoir, ce qui a pour conséquence de nous empêcher de nous ouvrir à « recevoir » ce que la Vie a de bon pour nous !

♥ 2 | Refuser de recevoir ♥

Refuser de recevoir : c'est exprimer le rejet parce qu'on dit « NON »
à quelque chose qui nous est gracieusement offert. Souvent, on s'empêche
« inconsciemment » de recevoir et nous refusons, ce qu'une personne
souhaite nous donner avec gentillesse. Cela peut être un compliment
comme se faire dire qu'on est beau ou belle, que c'est beau ce que l'on
porte, etc., et ce à quoi l'on doit simplement apprendre à dire MERCI !
C'est peut-être quelqu'un qui partage une collation avec nous ou une
personne qui nous offre un petit cadeau… et nous de répondre : « Ha ! Ce
n'était pas nécessaire ! »… « Oh, il ne fallait pas ! », etc.

Ça, c'est vraiment ne pas accepter de recevoir. En agissant de cette
manière, on envoie à l'Univers un message de refus d'abondance. Ainsi,
on attire ce rejet à soi à répétition, car, par la suite, c'est la « loi du retour »
qui nous renvoie la pareille parce que nous avons d'abord refusé de
recevoir. Et on s'étonne de manquer d'abondance dans nos vies !

**Les « grands donneurs » sont souvent des
gens qui ont de la difficulté à recevoir.**

Tout, dans les mœurs de notre société, nous a appris qu'il faut donner
à l'autre et s'ouvrir à l'autre… Oui ! C'est le sens de la Vie, « **Donner** ».
Cependant, on ne nous a pas appris à « **nous ouvrir** » pour « **apprendre à
recevoir** ». Si nous le faisons, nous passons pour des égocentriques qui ne
pensent qu'à eux-mêmes.

♥ 3 | Qu'est-ce que « apprendre à recevoir » ? ♥

« Apprendre à recevoir » va bien au-delà de ce principe social. Il s'agit
de **s'ouvrir** à ce que la Vie veut de mieux pour soi.

C'est apprendre à s'ouvrir et accueillir les grâces et bénédictions de la Vie. C'est savoir les reconnaître dans les moindres détails, parfois si minimes qu'on n'en est même pas conscient.

« Apprendre à recevoir » est une programmation difficile pour l'ego, car il est habitué à tout contrôler par « le don » pour se faire aimer des autres.

« Apprendre à recevoir », veut dire s'ouvrir et accepter ce que la Vie présente pour nous. C'est recevoir les cadeaux de la Vie, idéalement sans attente et sans retour des choses. C'est-à-dire sans avoir d'attente de qui que ce soit, de quoi que ce soit et sans se sentir obligé de faire un retour en réponse à ce que l'on a reçu, et préférablement sans vivre de la culpabilité ! Ouf ! Pas facile !

Pour y arriver, on doit en plus se déprogrammer des bonnes manières que la société nous a inculquées ! Cependant, si on remercie sincèrement le donneur, sans se sentir obligé de le faire par politesse imposée et machinale, le « lien du Cœur » sera décuplé puisque ce geste sera considéré comme pur et vrai.

Quand les gens acceptent nos cadeaux, ils ne peuvent nous rejeter, car habituellement, on donne à ceux qu'on aime et à qui on sait qu'il ou elle appréciera notre geste de bonté et de générosité. Dans un sens, on se protège inconsciemment contre le rejet, car tout ça est fait de manière inconsciente.

« L'acte de donner » est d'abord un don à soi-même ! Par le simple fait du plaisir que l'on éprouve lorsqu'on prépare le cadeau, qu'on l'emballe, qu'on le décore, etc., tout en pensant à la personne heureuse de le recevoir.

Le retour de cette bonté est déjà là, simplement du fait d'être dans un état de gratitude alors que nous nous préparons à faire ce don.

Multiplié par toute la joie que nous ressentons à donner généreusement. D'autant plus que l'on offre parfois ce que l'on souhaiterait recevoir !

« Le retour du don » se fait par la joie vécue lors du moment de célébration avec la personne chère que l'on gâte avec amour inconditionnel.

Le mouvement se fait dans les deux sens, on gâte l'autre et on se gâte en même temps. **C'est la raison pour laquelle le don sincère nourrit notre âme et notre Cœur en même temps.** Génial !

Et pourquoi la société nous a-t-elle appris à donner en premier ? À poser ce geste important du don de soi ? Tout simplement pour « ÊTRE » ensuite capable de s'ouvrir à recevoir pour soi-même !

« Apprendre à recevoir » réellement ne fait pas partie d'une éducation naturelle pour soi. Nous sommes fréquemment portés à aller d'abord vers l'autre et à l'extérieur de soi dans divers aspects de la Vie, plutôt que de regarder en soi en premier et faire la « Connexion du Cœur ».

♥ 4 | « Apprendre à recevoir » quand on a besoin d'aide ♥

« Apprendre à recevoir » quand on a besoin d'aide, demande de l'humilité et d'accepter que les autres puissent nous aider sincèrement par des gestes d'amour et de compassion. Cela signifie s'abandonner à sa vulnérabilité et la laisser transparaître devant l'autre.

Malheureusement, la plupart du temps, beaucoup de résistances de l'ego empêchent ce processus dans son essence et sa pureté. Souvent, l'ego souhaite montrer qu'il est capable, qu'il n'a pas besoin de l'autre, qu'il est capable tout seul. Il résiste à la possibilité de « recevoir » un vrai « don du Cœur ». Ce qui est un processus paradoxal à notre Cœur. Pourtant tous les êtres humains recherchent et ont besoin de cet amour !

« Apprendre à recevoir », quand on a besoin d'aide, oblige à s'abandonner face à la fragilité de son « ÊTRE » et exige de prendre conscience qu'on est parfois dans le véritable besoin de recevoir.

Le besoin d'avoir quelqu'un qui est là pour nous réconforter, nous écouter, avec qui l'on puisse exprimer nos déceptions et tristesses et qui est là, présent, pour nous aider à vivre les moments difficiles que nous ressentons intérieurement.

« Apprendre à recevoir » demande de s'ouvrir à soi, à son Cœur en toute honnêteté pour sortir de l'illusion de l'ego qui nous fait croire qu'on a du pouvoir, qu'on est fort et qu'on peut décider de sa Vie dans les moindres détails à tout moment.

« Apprendre à recevoir » nécessite réellement l'application du sentiment de « détachement » : face à nos attentes, face aux espoirs qu'on a vis-à-vis des autres ainsi que sur les événements de la Vie.

♥ 5 | « ÊTRE » en état de recevoir ♥

« ÊTRE » en état de recevoir, c'est accueillir ce que la Vie nous présente sur notre chemin, sans avoir à tout contrôler pour se sentir satisfait. C'est apprendre à satisfaire notre besoin d'amour par le ressenti intérieur, car c'est la seule manière de recevoir les « Cadeaux de la Vie ». Oui ! Les cadeaux, ce que la Vie a à nous offrir de mieux pour nous !

Tout part de l'intérieur vers l'extérieur même « l'Art de Recevoir » !

On ne peut recevoir si l'on n'est pas enclin et ouvert à recevoir les bontés, les bons gestes, les attentions et l'amour des autres et de la Vie. La moindre culpabilité vient anéantir toute l'essence de cette divine sensation de bien-être. Recevoir sans culpabilité et sentir qu'on le mérite pleinement, c'est fréquemment difficile à vivre !

Dans la vie, on ne peut pas continuellement aller dans le même sens, c'est-à-dire toujours « Donner ». C'est la raison pour laquelle on retrouve actuellement trop de gens épuisés d'avoir « trop donné », de performer au travail, dans la famille ou pour la société en général qui en demande toujours plus à tout le monde.

Il doit y avoir un sens du recevoir que nous devons tous apprendre pour vivre en équilibre.

Cela requiert, entre autres, une ouverture à soi-même. Prendre le temps chaque jour de se retourner vers l'intérieur de soi afin de ne pas toujours être tourné vers l'extérieur.

Du temps de silence, d'arrêt, de méditation, de prière, de retour aux sources pour ralentir le rythme de la Vie permet de nous donner ce dont nous avons besoin au moment où nous en avons besoin… et aussi la possibilité de ressentir davantage les « petits cadeaux et miracles » de la Vie !… afin d'« ÊTRE » en état de recevoir.

Tout ce processus opère un changement majeur dans nos vies. Notre entourage, notre famille, nos amis et collègues de travail nous perçoivent différemment en pensant que « nous perdons nos plumes » à cause de ce changement.

Au contraire, nous en regagnons tranquillement, mais cela, nous sommes les seuls à le savoir au début du processus de transformation.

Par la suite, notre rayonnement et notre liberté d'« ÊTRE » seront le reflet de cette majestueuse transformation. Les gens verront cette belle énergie de la Vie qui circule librement à travers nos sentiments par nos élans du Cœur spontanés, par le don et le recevoir équilibrés en juste mesure.

Apprendre l'équilibre du « Don » et du « Recevoir » devient tout un défi de vie.

« ÊTRE » uniquement dans le « don de soi », comme la société nous l'impose constamment, crée un manque flagrant au niveau des besoins réels de l'« ÊTRE ».

Ce qui apporte malheureusement son lot d'insatisfactions, de frustrations, de déceptions et d'insuffisances de quelque chose parce que l'on ne fait que « Donner » de soi-même tout le temps. Et ce sentiment de manque et d'insuffisance s'accentue toujours plus, surtout si nous sommes en permanence dans l'état de vouloir « AVOIR » plus ou désirer plus dans notre vie.

Il nous faudra donc donner encore et encore, donner et donner de nous-mêmes aussi, pour « AVOIR » plus. C'est une roue sans fin qui ne nous apporte rien de plus, au bout du compte.

Car la seule chose primordiale, c'est notre besoin réel de ressentir « l'amour du Cœur » qui apporte et génère tout dans notre vie.

**C'est la seule voie de réalisation pour
« ÊTRE » heureux. « Écouter son Cœur »,
« donner » et « apprendre à recevoir » ce que
la Vie veut de meilleur pour nous.**

♥ 6 | « L'Art de Recevoir » ♥

« Apprendre à recevoir », c'est aussi recevoir d'une manière qu'on n'a pas vraiment souhaitée. C'est-à-dire s'abandonner à comment la Vie va le faire pour nous, d'une manière autre que nous l'avons décidé. C'est accepter et voir que la Vie prend un chemin différent de ce que nous avions choisi intérieurement, pour nous guider vers notre mieux-être.

La Vie sait mieux que nous-même ce dont nous avons « réellement » besoin pour notre âme et notre Cœur. Elle en sait beaucoup plus que le filtre de notre « Ego » qui veut toujours plus et à sa manière.

**« Apprendre à recevoir », c'est accepter de
« s'ouvrir à recevoir » tous les cadeaux que la
Vie a pour nous, peu importe ce qu'ils sont.**

Plus nous sommes ouverts et attentifs à toutes ces petites attentions que la Vie a pour nous, plus nous attirons de belles choses. Finalement, nous comprenons que nous sommes remplis d'abondance chaque jour !

Chaque soir, notez ce que vous avez reçu aujourd'hui, vous verrez, la liste sera bien plus longue que vous ne le pensiez !

Ainsi, « l'Art de Recevoir » devient un agrément plutôt qu'une attente !

Chapitre 9

« Être » à l'écoute de ses Rêves

« Être » à l'écoute de ses rêves est une option de plus qui permet de savoir vers où se diriger dans la Vie et d'avoir l'information concernant ce que nous devons faire et comment le faire. Ressentir, au petit matin, le sentiment général d'un rêve et en faire notre interprétation, en lien avec notre vie, procure des renseignements supplémentaires sur la guidance et rôle de notre chemin de Vie.

Dans le rêve, l'« Ego » ne peut s'infiltrer. Lorsqu'on dort, le Cœur se connecte automatiquement à la « mission de l'âme » sans interférence de l'« Ego ». Les informations données par les rêves sont donc justes et précises.

♥ 1 | Le rêve et son interprétation ♥

Comme pour toutes choses dans la démarche de la « Connexion du Cœur », il faut prendre le temps de se remémorer, au réveil pendant quelques minutes, les sentiments d'un des rêves de notre nuit. Et l'interpréter en lien avec notre vie, tout en découvrant ce que la Vie souhaite nous dire.

Il y a quelque temps, j'ai eu le plaisir d'animer mon émission de radio sur « L'Art de Vivre en Santé ». J'y parlais de tous mes « Coups de Cœur », des produits santé et de mes expériences acquises dans le domaine de la santé, au fil des années.

Après mon émission, l'animatrice qui prenait la relève pour animer la sienne était une « spécialiste dans l'enseignement et l'analyse du Rêve ». Une sommité en la matière depuis trente ans, qui a rédigé dix-sept livres sur le sujet. Elle m'a invitée à son émission et je l'ai invitée à la mienne pour parler de sa technique extraordinaire d'interprétation de rêve. Il s'agit de ***Madame Nicole Gratton**.

Vous pouvez entendre cette émission de radio sur l'Art de Vivre en Santé.com.

♥ 2 | Le rêve et la guidance de notre Cœur ♥

Au cours de l'entretien radiophonique, Madame Gratton y explique comment faire un postulat de rêve, faire des demandes avant de se coucher le soir et retirer le maximum d'informations de ce travail fait pour nous durant la nuit.

Au lendemain matin, en prenant le temps de ressentir l'effet d'un rêve important de la nuit passée, on s'ajuste à la guidance de notre Cœur et de notre âme qui nous permettent de trouver des solutions à différentes circonstances de notre vie.

Cela nous oriente aussi vers la bonne direction à suivre au cours de la journée à venir ou pour les suivantes…

« ÊTRE » à l'écoute de son Cœur rend les choses tellement plus faciles à vivre dans notre vie. Mais encore faut-il « ÊTRE » capable de l'écouter, de le laisser nous guider… C'est à nous d'en décider !

Et la nuit est un moyen supplémentaire que la Vie prend pour nous guider et nous contacter directement, droit au Cœur, à l'âme et l'esprit.

À nous d'en profiter ! Merci la Vie pour ce cadeau additionnel et gratuit qui peut nous rendre la Vie beaucoup plus simple !

Bon rêve !

Chapitre 10

L'origine du « Trop-Plein »

Le « trop-plein » de notre vie vient de tous les efforts incessants faits pour se réaliser, réussir, atteindre le succès, se faire aimer, plaire aux autres, aux collègues de travail, à notre patron, à la famille, au conjoint(e) ou à soi-même.

Voyez si vous avez quelque chose à faire, que vous vous obligez à la faire sans plaisir.

Notez-la, cette « chose à faire » que vous vous imposez de faire absolument dans votre calendrier déjà surchargé de plein de responsabilités.

Une obligation qui vous tenaille l'esprit constamment et qui s'ajoute à cette grande liste de « choses à faire »… Il s'agit ici de la liste des « il faut » que nous verrons plus tard.

Réalisez et ressentez l'immense soupir que cela provoque en vous, juste en pensant à cette liste d'une intense lourdeur qui vous empêche d'avancer et d'agir parce qu'il y a justement « Trop à faire »…

♥ 1 | Le « Passage à vide obligé » ♥

Le « passage à vide » est obligatoire pour renaître à soi et prendre une nouvelle direction d'évolution dans le sens souhaité pour sa vie. Si nous voulons évoluer et que nous commençons à faire les démarches en ce sens, nous devons inévitablement nous débarrasser de l'ancien, des vieux schémas, des vieilles *« **Formes-Pensées** » qui nous nuisent et ne nous correspondent plus, afin d'avancer vers une vie nouvelle.

Lors de ce « passage à vide », il est possible de soudainement prendre conscience que certaines valeurs, primordiales auparavant dans notre vie, n'ont plus lieu d'être.

Là où nous souhaitons nous diriger maintenant, nos anciennes manières de faire sont désormais révolues. Dans ce renouveau de vie, nos valeurs changent, nos comportements se modifient et nos pensées évoluent au cours du processus.

Ces étapes de changements nous déstabilisent au plus profond de nous-même. À certains moments, nous avons l'impression de ne plus reconnaître la personne que nous étions antérieurement.

Nous devons comprendre que pour évoluer, il nous sera nécessaire de « mourir à l'ancien pour renaître à du nouveau ». Seule l'essence d'amour et de lumière reste gravée au fond du Cœur.

Et cette grande énergie lumineuse est toujours là pour nous guider et nous aider à construire le nouveau dans notre vie.

Malheureusement, on a tous tendance à se cramponner à ce qui quitte notre vie, à ce qui part et n'est plus utile pour notre cheminement. Il est préférable de mettre l'emphase sur **l'énergie du renouveau qui cherche à se construire petit à petit et qui nous pousse à agir différemment.**

La vie nous guide pour faire le vide du « trop-plein » de l'ancien, en même temps qu'elle nous ouvre les portes vers notre nouvelle direction de vie.

C'est la raison pour laquelle on vit tous une période déstabilisante et éprouvante lors de ce passage. Comme l'enfant qui apprend à marcher, parfois il tombe, puis se relève, marche et court avec un grand sourire sur le visage ! Mais il continue d'aller de l'avant parce qu'il sait qu'il est protégé, supporté et encouragé à le faire par ses parents et un entourage aimant. L'enfant ne se pose pas de questions, toute son énergie le stimule à se relever et à essayer de nouveau.

Cela vient aussi de cette « grande force de vie intérieure » (que nous avons tous !) qui le motive à aller plus loin. Il n'en est peut-être pas conscient, mais la Vie est là et le guide pas à pas.

C'est la même chose pour nous. Plus nous sentirons cette « force grandiose » qui nous protège, nous supporte et nous guide, plus nous avancerons vers l'inconnu de notre destinée avec confiance.

Et ainsi, nous nous connecterons avec plus de facilité à la puissance infinie du Cœur. C'est un aspect que nous avons perdu au fil du temps. Les enfants, eux, le font tout naturellement.

♥ 2 | Pourquoi les réservoirs des « trop-pleins » débordent-ils ? ♥

Il faut savoir que parfois, même si nous essayons d'« Être » positif, de faire des efforts pour nous réaliser et réussir comme avant, cela ne sert plus à rien, si le « trop-plein » n'est pas résolu. Plus les réservoirs des « trop-pleins » s'accumulent, moins la Vie peut faire le plein de bonnes choses pour nous. Cela s'avère impossible, car il n'y a plus de place pour nous remplir des grâces et bénédictions de la Vie.

Les « trop-pleins » de notre vie créent de la défensive, de la résistance, des carcans, des armures tout autour de nous. De la rigidité, densité et lourdeur qui nous empêchent même de voir qu'il y a un « trop-plein » dans bien des sphères de notre vie. Dans ces moments, il n'y a plus de fluidité qui coule de source, même le rythme incessant de la Vie nous agresse parce qu'il y a véritablement un « trop-plein » de tout.

Plus on fuit ces « trop-pleins » que l'on ne veut pas voir parce que nous sommes continuellement dans le tourbillon de la Vie et sollicité de toutes parts, plus ces « trop-pleins » nous rattrapent !

Tout ça nous empêche de voir à l'intérieur de nous-même, parce que nous dirigeons toutes nos énergies vers l'extérieur, vers les autres, le travail, la carrière à tout prix, la profession qui exige productivité, efficacité et rendement.

Ainsi nous oublions de nous connecter à nous-mêmes, à notre essence, à notre Cœur.

Alors les « trop-pleins » s'accumulent sans cesse, sans que nous soyons conscients que dans tous ces « trop-pleins », il y a justement

« trop-plein » de choses qui ne nous correspondent plus vraiment et qui doivent quitter notre vie. Ce qui active inévitablement le processus de débordement des réservoirs de tous ces « trop-pleins ».

Au bout du compte, nous allons jusqu'à exploser comme un « presto » ! Ce n'est qu'une fois ce presto de « trop-pleins » libéré que nous pouvons à nouveau ressentir le mieux-être, retrouver un équilibre de vie et faire des projets qui correspondent mieux à nos aspirations profondes.

Prenez le temps de toucher profondément à ces « trop-pleins », ressentez-les, pleurez-les, expirez-les, évacuez-les, transmutez-les… C'est la seule manière de pouvoir faire le vide, de vous libérer de la lourdeur des angoisses, des inquiétudes et des peurs qui briment votre mieux-être et votre joie de vivre.

C'est surtout la seule manière de remplir ensuite ses réservoirs d'amour, de renouveau, de lumière, de nouvelles consciences, de nouvelles valeurs, de nouvelles directions de Vie.

♥ 3 | « ÊTRE » dans le « il faut » ♥

« ÊTRE » dans le « il faut » est le résultat de beaucoup de ces « trop-pleins » que nous vivons dans notre vie.

Quand on s'oblige à être dans le « il faut », cela représente une responsabilité que l'on s'impose de faire. Créant ainsi un grand remous dans notre vie, car notre motivation première vient de notre tête au lieu de notre Cœur.

Si nous vivons des émotions dues à trop de « il faut », ici, il est évident que la Vie nous

Ces émotions sont activées par notre culpabilité qui nous oblige à faire les choses pour avoir le sentiment d'une pleine réalisation de soi et très souvent pour faire plaisir à l'autre, à son patron, son conjoint(e), la famille, la société, etc. On devient ainsi motivé par notre peur de ne pas être aimé, apprécié, reconnu ou respecté.

Alors que c'est tout le contraire qui se produit si on se choisit et, par ce simple geste, on motive les autres qui apprennent eux aussi à faire de même.

Se choisir et respecter ses motivations profondes procurent un retour à notre énergie vitale et fait grandir notre Amour de soi.

On devient comme invincible à la manipulation extérieure et à son emprise sur nous.

C'est un sentiment de grande liberté qui jaillit de cette victoire de se choisir afin d'écouter nos « vrais » désirs du Cœur. Peu importe le jugement des autres.

Si on se respecte, les autres vont inévitablement nous respecter.

Si, au contraire, nous forçons les choses pour agir à l'encontre des désirs de notre Cœur, c'est une « montagne russe d'émotions » que la Vie enverra sur notre chemin afin de nous faire comprendre la bonne direction à prendre pour la voie de notre Bonheur.

L'important est d'arriver à être sensible et totalement éveillé à ces signes que la Vie nous envoie afin de prendre la décision, juste et appropriée, pour notre mieux-être.

Quand ça brasse dans l'âme, c'est signe que nous devons vérifier à l'intérieur de nous, afin de voir si ce que l'on « fait et vit » correspond vraiment à ce que « l'on veut » ou à ce que l'on doit faire dans l'immédiat.
Est-ce que nous devons finaliser toute la liste de nos « il faut », ou bien être à « l'écoute de soi » ?

Quand la force de la Vie s'active et coule librement, il y a plein de petits miracles qui s'opèrent et les choses se placent d'elles-mêmes. À notre plus grande stupéfaction, facilement et en un rien de temps, notre fameuse liste peut même être complétée plus tôt que prévu, simplement parce qu'on ne s'est pas obligé de la faire !

Comme il a été dit précédemment au chapitre IV :

La Résistance = la Souffrance.

Il faut savoir « lâcher prise » pour « ÊTRE » à l'écoute de son Cœur. S'abandonner à écouter ce que la Vie veut de mieux pour nous, ouvre la Voie à notre véritable réalisation.

Écouter ce que la Vie veut de mieux pour nous dépasse souvent les croyances, les comportements que nous avons appris depuis notre enfance et les jugements que l'on porte sur une situation donnée.

On fait souvent des actions et des choix de vie en fonction de gestes routiniers ou d'habitudes de vie parce que c'est comme ça qu'on fait les choses depuis tout le temps.

> **Quand ce n'est plus le temps d'agir de la sorte soit par accoutumance, habitude ou automatisme des « il faut » conditionnés, la Vie nous envoie un « signal assez fort et puissant » pour nous déstabiliser et nous faire prendre conscience de ce que notre « ÊTRE » désire réellement.**

Ainsi, complètement bouleversé, on n'a pas le choix de s'arrêter et de ressentir ce qui est le mieux pour nous. C'est-à-dire de faire notre liste des « il faut » en fonction de ce que nous ressentons intérieurement. Et en étant à l'écoute de notre intuition et de notre Cœur plutôt que de suivre une liste de « il faut » (qui est, la plupart du temps, dirigée par la tête, nos croyances ou nos conditionnements).

Le silence, le calme et la paix apportent des réponses claires et précises sur nos décisions à prendre et les meilleurs choix à faire pour établir les listes des « priorités du Cœur » pour « ÊTRE » heureux. Et plus on se laisse guider par la Vie et plus celle-ci nous fait des cadeaux de joie, de bonheur, d'abondance et de prospérité.

♥ 4 | La Culpabilité derrière les « il faut faire ceci ou cela » ♥

Les « il faut faire ceci ou cela » que l'on s'impose plus souvent qu'autrement, par nos automatismes conditionnés, sont le reflet du lot de notre culpabilité que l'on porte sournoisement.

<u>Exemple :</u>
Par exemple, un chauffeur de taxi en région métropolitaine qui s'oblige à prendre plus de cinq personnes à l'heure parce qu'il a un quota à

respecter, celui-ci peut se sentir coupable s'il n'atteint pas son objectif. Les « il faut » lui nuisent, car, de cette façon, il refuse et n'accepte pas que la providence lui envoie tout ce dont il a besoin pour son mieux-être à chaque instant.

Pourquoi a-t-il comme but de s'obliger à produire, de créer de l'inquiétude, du stress et de mettre sur sa conscience un sentiment de culpabilité de ne pas atteindre ses objectifs ?

Pourquoi s'oblige-t-il à augmenter ses responsabilités par les « il faut » ?

Malheureusement, son attitude empêche la possibilité que la meilleure situation se présente à lui dans le respect et l'acceptation de qui il est. S'imposer des « il faut » génère des sentiments vraiment néfastes pour son mieux-être, et finalement peu bénéfiques pour sa quiétude.

♥ 5 | Exercice des « il faut » ♥

Faites une liste d'au moins dix items des « il faut » que vous avez à faire… « il faut » que je fasse ceci, cela, etc. Nous verrons plus tard comment les transformer… mais faites cette liste tout de suite, prenez un instant pour l'écrire, ça prend seulement quelques minutes et même très peu de temps, car vous la connaissez bien, cette liste de choses à faire et de « il faut » ! Cette fameuse « *to do list* » !

Cette lourdeur que vous ressentez, de tous ces « il faut », est justement due au « trop-plein » que tout cela provoque sur le moment. Il s'agit d'un « trop-plein » de fatigues accumulées et d'efforts faits pour atteindre un but.

C'est un objectif que vous souhaitez atteindre, mais qui n'a pas été atteint, simplement parce que ce n'est peut-être pas le bon moment pour le réaliser dans l'immédiat, il y en a déjà « trop » pour tout de suite…

Il y a un « moment opportun » pour toute chose. La Vie sait exactement le moment approprié pour que cela soit fait avec facilité

et plaisir. Si cela ne se fait pas, c'est peut-être simplement parce que cette chose à faire (qui semble très importante pour vous), « ne fait peut-être pas ou plus partie » de votre chemin ou de votre route, dans l'immédiat.

♥ 6 | Comment transformer la liste des « il faut » ? ♥

Cette liste des « il faut », que vous avez écrite un peu plus tôt, peut être reliée à des choses que vous souhaitez vraiment réaliser et que, dans la plupart des cas, vous aimez accomplir. Étrange, me direz-vous ! Oui ! Ces « il faut » sont généralement des actions que nous aimons faire. Mais seulement si nous avons le temps qui se présente à nous ainsi que l'énergie propice à leur pleine réalisation. En raison de nos « trop-pleins » accumulés ainsi que du manque de temps qui en découle, ces choses à faire représentent plus souvent qu'autrement beaucoup de lourdeurs et de soupirs.

On doit donc, d'abord et avant tout, évacuer ces « trop-pleins » afin d'être ensuite en mesure de transformer notre liste des « il faut ».

La plupart du temps, nous ne voyons pas à quel moment ni de quelle manière nous pourrons passer à travers la liste des « il faut », car nos horaires sont déjà surchargés de quantité d'obligations quotidiennes et prioritaires.

Tous ces « il faut » n'ajoutent pas de plaisir à notre emploi du temps, ils deviennent donc d'une grande lourdeur et un véritable poids sur notre conscience. Ce qui brise la quiétude de vivre notre moment présent et d'être à l'écoute de nos intuitions. Cependant, comme dit précédemment, il y a un moment opportun pour que cette fameuse liste de « il faut » se fasse et quand le temps arrive, il y a des trucs pour nous aider à l'accomplir… Si vous prenez le temps de remplacer vos phrases des « il faut que je fasse ceci ou cela » par « **c'est avec plaisir et bonheur** » que je fais ceci ou cela, vous verrez que votre liste se modifiera, se transformera, car elle se composera dorénavant des véritables désirs de votre Cœur au lieu d'en ressentir un sentiment d'obligation.

Vous pouvez même ajouter une dose de créativité à cette action de plaisir et bonheur et vous ne ressentirez plus le sentiment du « il faut » ! Ainsi votre « to do list » deviendra une « to **DOUX** list » !

<u>Exemple</u> :
« Il faut que je fasse le ménage de la maison » remplacée par : « **C'est avec PLAISIR et BONHEUR, au son d'une bonne musique d'ambiance, que je fais le ménage de la maison** ». Résultat : sentiment du « il faut » disparu !

Vous verrez qu'il en sera tout autrement dans votre pensée et miraculeusement votre liste se fera justement comme par enchantement au moment opportun ! Ainsi la lourdeur des « il faut » sera transformée en un projet stimulant et joyeux. Essayez ! Vous verrez comme ça change la dynamique de votre vie. Au lieu de ressentir un « fardeau de choses à faire », vous ressentirez des moments de plaisirs et de bonheurs en plus d'un grand « sentiment d'accomplissement » !

Bon là, c'est mon tour, « il faut » que je vide ma tête de tous mes « trop-pleins » de la semaine afin d'être disposée à écouter la Vie pour la suite des choses ! LOL !… Après une grosse semaine, une bonne séance de Yoga/Tao est un remède que j'adore pour la libération des stress de la vie trépidante !

Alors je transforme ma phrase : « Il faut que je vide mes trop-pleins de la semaine » par : « Je m'en vais vider les trop-pleins de ma semaine en faisant une bonne séance de relaxation ! »… Tellement différent comme sensation !

Bien sûr, il y a plusieurs autres techniques efficaces à découvrir (au chapitre suivant) pour libérer tous les « trop-pleins » de notre quotidien. J'alterne de l'une à l'autre, car j'aime l'équilibre que me procure cette variété d'outils pour mon mieux-être !

Chapitre 11

14 Techniques de libération des « trop-pleins »

Vous vous demandez :

— Comment faire pour purifier et transmuter les « trop-pleins » ?

— Comment faire le grand ménage de ses émotions et des énergies réprimées dans son esprit ?

— Comment nettoyer tous les blocages par la Lumière du Cœur ?

Vous trouverez ici 14 techniques différentes permettant de libérer tous les « trop-pleins » de notre vie, de les épurer, de les vider.

Faire un nettoyage des « trop-pleins » et de tous les blocages, chaque jour, permet de ressentir la vibration du Cœur, d'avoir plus d'intuition, d'« Être » centré, de ressentir la guidance de la Vie ainsi que prendre la bonne direction qui nous comblera de bonheur.

Nous pouvons utiliser, comme outil, une ou plusieurs de ces techniques afin que la joie, l'amour, la confiance, la paix, le calme, la sérénité, la foi et le bonheur puissent à nouveau venir remplir nos réservoirs.

« L'Univers conspire toujours à notre bonheur et met tout en place afin que nous soyons parfaitement heureux ».

Nous devons cependant, d'abord et avant tout, être conscients de l'importance de faire un nettoyage intérieur à chaque fois que cela s'avère nécessaire.

Voici donc les techniques de libération des « trop-pleins » que nous verrons dans ce chapitre.

Vous pouvez en choisir une ou plusieurs, selon ce qui vous convient le mieux !

Au choix :

1) La Méditation,

2) La Respiration,

3) Le Yoga,

4) L'Écriture,

5) Le Feu,

6) L'Eau,

7) Les Cures-Santé internes,

8) Le Tao,

9) Les Massages,

10) Les Saunas,

11) L'Exercice,

12) La Nourriture,

13) Le Silence,

14) L'Ordre.

♥ 1 | La Méditation… Le meilleur antistress ! ♥

… est une très bonne manière de vider nos « trop-pleins » !

On peut purifier nos *« **Formes-Pensées** » par la **MÉDITATION** en calmant notre mental.

LA MÉDITATION, À QUOI ÇA SERT ? QUELS EN SONT LES BIENFAITS ?

Vous avez sûrement entendu ces expressions maintes fois : la méditation peut augmenter la créativité, améliorer l'énergie, diminuer le stress et même avoir un impact sur notre niveau de concentration et de réussite. Hommes et femmes d'affaires, artistes ou autres… Nombreux sont ceux et celles qui s'y intéressent. Pour moi, cela a eu le même effet sur mon esprit que le **Yoga** et le sport sur mon corps : cela m'a rendue plus forte et plus souple.

Plusieurs études démontrent que la méditation est une arme puissante pour lutter contre le stress (diminution de 30 % à 40 % au bout d'un mois de pratique).

La méditation apporte : une diminution significative de l'angoisse et de l'anxiété ; le renforcement du système immunitaire ; l'augmentation de 20 % à 30 % des anticorps ; l'équilibre émotionnel ; l'attention et la concentration ; la sérénité ; une grande paix intérieure ; plus de sentiments positifs, de bien-être, de bonheur ; et plus d'amour dans sa vie.

QUE VEUT DIRE MÉDITER ?

Que vous ayez du mal à prendre une décision ou que vous soyez simplement stressé par votre travail, méditer peut vous aider non seulement à retrouver votre calme, mais aussi à mettre une certaine distance pour clarifier ces choses dans votre esprit.

Nous rêvons tous de trouver en nous calme, silence et retour à soi, le plus souvent possible. La méditation permet le retour au calme intérieur et met un terme au stress et aux angoisses qui viennent troubler constamment notre quotidien. Lorsque l'on s'apaise, on retrouve un équilibre émotionnel.

L'effet calmant de la méditation se fait généralement sentir dès la première séance.

La force de la méditation vient du fait qu'on entre en contact avec son intériorité, qu'on développe le contact avec « soi-même ».

C'est en nous et uniquement en nous que nous saurons trouver la relaxation profonde, le calme et le véritable amour. Ces qualités et états d'être ne peuvent pas venir de l'argent, de la reconnaissance sociale ni de toute autre chose extérieure. Au fond, nous le savons tous très bien, mais nous l'oublions si souvent.

Qu'est-ce que la méditation ? Quel est son objectif ?

Méditer veut dire « devenir un témoin » pour simplement observer les pensées, les émotions, les sensations physiques et les « trop-pleins » qui sont en nous.

« MÉDITER », c'est un processus qui permet de se retrouver, le plus régulièrement possible, dans un état de vivre le « ICI et MAINTENANT », d'être dans la force et le pouvoir du « MOMENT PRÉSENT ».

Ce qui nous permet aussi le « **Lâcher Prise** » où l'on accepte que les pensées défilent comme un oiseau traverse le ciel. Mais si à chaque fois que vous méditez, c'est votre film préféré que vous revoyez au complet dans votre tête, cela veut dire que vous rêvassez pas mal et qu'il est grand temps de revenir ici, au « **Moment Présent** » !!

Méditer veut dire « observer », mais pas nécessairement regarder le film au complet ! Lol !

Vivre « La Mélodie du Bonheur », c'est ce que nous souhaitons tous vivre, un jour ou l'autre dans notre vie : le Grand Amour, des moments heureux et sympathiques, remplis de tendresse, tels que présentés dans ce magnifique film qu'est *La Mélodie du Bonheur*, un classique de ma jeunesse avec Julie Andrews ! Quel beau film, qui m'a tellement inspirée pour vivre une vie heureuse avec mon mari et pour faire de chaque petit instant des moments de bonheur, le plus souvent possible, ceux-là mêmes qui parsèment notre quotidien. Je m'en suis fait une mission de vie de couple !

Et maintenant, quand je médite, c'est « Ma mélodie du Bonheur » à moi que je vois, que j'observe, que je laisse aller pour mieux la ressentir… Et ensuite, une fois le vide fait, le Cœur parle de lui-même pour faire les ajustements qui s'imposent et agir, s'il y a lieu, pour une saine amélioration.

COMMENT MÉDITER ? PAR OÙ COMMENCER ?

La méditation peut se pratiquer presque partout : dans l'autobus, au travail, dans une salle d'attente, dans votre salon, au moment de laver la vaisselle, en prenant un bain, ou encore avant de dormir, en y consacrant dix petites minutes chaque soir avant d'aller au lit ! Tout peut être un objectif de méditation : une odeur, un son, une musique, la flamme d'une bougie ; une image mentale comme un arbre, la mer, ou quoi que ce soit qui vous inspire.

Ce qui compte, c'est votre concentration, l'attention que vous accordez à votre objet de méditation et votre intention de faire le vide du mental et des « trop-pleins ».

Cependant, si lors de votre pratique de méditation, vous vous dites soudainement en méditant : « Je regrette de ne pas avoir commencé à méditer plus tôt ! »… là, ça indique que c'est le temps de « revenir ici » !

De la même façon, si vous vous dites : « Ça y est, je suis complètement présent(e) à ma méditation »… là aussi, c'est signe que vous n'y étiez plus et que vous êtes retourné à la case départ ! Lol !

L'important pour de bons résultats est une pratique régulière et assidue ! Commencez par deux à trois minutes par jour. Ça sera plus facile de faire ensuite une période de dix minutes quotidiennement.

ET LES RÉSULTATS ?

La méditation permet d'éduquer notre esprit, et donc, de développer de nombreuses qualités ; d'être plus présent à ce que nous sommes en train de faire ; d'être davantage à l'écoute de notre corps et de nos aspirations profondes.

Elle peut avoir des répercussions extraordinaires dans toutes les sphères de notre vie !

Ce que la méditation apporte pour chacun est différent. Pour ma part, elle a apporté le besoin grandissant de me centrer sur le « **moment présent** », de me déposer un peu plus chaque jour et de faire le vide du « trop-plein » parfois incessant du tourbillon de la vie.

En méditant, est-ce que vous vous posez la question suivante :

« Suis-je en train de perdre mon temps ? »

Si vous pensez que « MÉDITER » est une perte de temps, rappelez-vous l'importance de créer, chaque jour, des moments à travers vos temps libres afin de cultiver des espaces de sérénité et de paix intérieure, car ils vous apporteront de nombreux bienfaits.

Ni l'argent, ni le prestige ou les honneurs, ni les connaissances ne peuvent apporter autant de bien-être intérieur que ce retour au calme par la méditation.

De plus, elle nous libère de tous nos « trop-pleins » de la vie quotidienne.

À vous d'en faire l'expérience !

Vous pourrez découvrir le plaisir d'être attentif à ce qui est, sans jugement, celui de vous libérer de vos soucis ou de développer un désir, celui de vous sentir vivre, simplement. Qui plus est, c'est vraiment « **FACILE** » de méditer !

Commencez dès maintenant, les résultats pourraient vous étonner ! Par la suite, si vous vous sentez bien, sensible, ouvert aux autres, plus calme et détendu intérieurement… c'est que vous êtes sur la bonne voie !

♥ 2 | Les bienfaits de la Respiration… ♥

Le Prâna Source de Vie !

On peut purifier et transmuter nos pensées, émotions et sentiments par la **RESPIRATION**.

Ceux qui sont adeptes de **Yoga**, soyez conscients que les techniques de respirations « **Pranayamas** » sont de puissants outils pour la libération des *« **Karmas** ».

Car ceux-ci épurent tous nos canaux d'énergies, les « **Nadis** », et nos vortex d'énergie, les *« **Chakras** ».

C'est quoi, le Prâna ?

Le *« **Prâna** », c'est la « **Force de la Vie** », l'énergie vitale dont nous avons tous besoin pour être bien. Les hindouistes l'appellent Prâna, les Chinois et les Japonais Qi, Chi ou Ki.

Nous ne vivons que par et grâce au Prâna. Sans le Prâna, le fonctionnement du corps physique et de la vie en général ne serait pas possible. Nous l'absorbons par le biais de la respiration.

Le Prâna se retrouve dans les milliers de petites particules que l'on retrouve dans l'air.

Le Prâna, ce sont les *« **ions négatifs** » contenus dans l'oxygène. Il a été prouvé scientifiquement que ces particules microscopiques de Prâna sont beaucoup plus nombreuses en montagne, sur le bord d'un lac, au bord de la mer, et en quantité très abondante après un orage ou de fortes pluies.

L'atmosphère à proximité des chutes d'eau, des plages et des forêts, fait de ces lieux les endroits où les niveaux d'ionisation sont les plus élevés pour un équilibre naturel et complet.

Les régions du monde les plus calmes et rafraîchissantes sont chargées de milliards d'ions négatifs.

Donc plus l'endroit est chargé d'ions négatifs, plus il y aura d'énergie vitale et plus il y aura de particules de Prâna.

Lieux	Nombre d'ions négatifs par cm^3 (présence naturelle)
Au pied des cascades	50 000
En montagne	8 000
Au bord de la mer	4 000
En forêt	3 000
À la campagne	1 200
En ville	200
Dans un bureau	20
En voiture	14

Tableau original à retrouver sur http://www.sens-original.com/_medias/ionsnegatifs.jpg

▶ La quantité d'ions négatifs au cm^3 d'air atteint 8 000 en montagne, 4 000 à la mer, 3 000 en forêt, 1 200 à la campagne, pour un comparable de 200 ions négatifs par cm^3 en ville… et seulement 20 dans nos bureaux !

▶ La norme pour le corps humain est de 1 500 à 2 000 ions négatifs au cm^3 afin d'avoir un bon taux d'énergie vitale au quotidien. Donc l'idéal pour une santé parfaite est de vivre en campagne, en forêt (de préférence en montagne) ou au bord de l'eau.

▶ Les *« **ions négatifs** » pénètrent dans notre corps au travers de la peau et des poumons qui les transportent à l'ensemble du corps par la circulation sanguine et nos canaux d'énergie.

Alors quand on ressent un grand besoin de « prendre de l'air » c'est parce qu'il est grand temps d'en prendre, d'aller faire un tour en nature et de se remplir de Prâna ! Et bonne nouvelle, les ions négatifs sont positifs !

COMMENT LE PRÂNA EST-IL BÉNÉFIQUE POUR LE CORPS ?

C'est par la respiration que nous prenons le plus de Prâna, c'est pour cela que les techniques de « **respirations praniques** » en Yoga sont si importantes.

Le Prâna circule dans notre corps par des milliers de petits canaux appelés « **Nadis** ». Nous en avons 72 000. Ce sont ces petits canaux qui transportent le Prâna partout dans notre corps et contribuent à la stimulation de notre énergie vitale.

Le Yoga et les techniques de respirations anciennes, venant des sages, aident à nettoyer et débloquer ces courants énergétiques du corps afin que l'énergie de Vie puisse circuler librement à travers tout notre corps, dans nos muscles, nos artères, nos organes, nos os, notre circulation sanguine, etc.

Les Asanas (Positions de Yoga), effectués avant les respirations, activent la circulation sanguine, ouvrent les capillaires et « **Nadis** », permettant à l'oxygène et aux ions négatifs de se répartir dans le corps. Ainsi, les ions négatifs (ceux qui sont bons pour nous) sont captés par le sang et créent une énergie positive pour le corps en stimulant notre vitalité, laquelle favorise une attitude positive par une production de sérotonine (l'hormone du Bonheur).

Un bon taux de Prâna dans le corps augmente les niveaux d'énergie de notre capital santé, de notre bien-être et de notre système immunitaire.

La privation de cette énergie positive de Prâna dans le corps crée un manque de vitalité ; produit de la fatigue, de l'indolence, le vieillissement des cellules. Elle peut nous rendre déprimés et irritables et créer ainsi un débordement des réservoirs de nos « trop-pleins ».

Plus le « taux de Prâna » est élevé dans le corps, plus le mental est calme, positif et enthousiaste.

Si on vit des inquiétudes, tensions, incertitudes et conflits ou des situations négatives dans notre vie, alors, « **RESPIRER** » est vraisemblablement la meilleure source de Prâna. Ce qui nous aidera fortement à rétablir toutes ces situations.

QUELS SONT LES BIENFAITS DE LA RESPIRATION ?

Les gens utilisent environ seulement 30 % de la capacité de leur respiration. La respiration reflète notre état d'esprit. Par exemple, si on est en colère elle sera irrégulière, courte et rapide et si on est calme elle sera longue et détendue. En faisant attention à notre respiration, on peut transformer quelque chose de déplaisant en un état de mieux-être. Il suffit de prendre le temps de s'arrêter et de respirer !

La plupart des techniques de respiration, appelées « **Pranayamas** » en sanskrit, visent à allonger la durée de la respiration afin d'augmenter la vitalité grâce à l'oxygénation plus longue et la prise d'énergie plus importante qu'apportent les ions négatifs. « Pranayamas » veut dire :

Prâna « Source de vie »
et **Yamas** « Remplir le corps »,
c'est-à-dire « **Remplir le corps de la source de Vie** ».

Toutes les techniques de respirations conscientes fixent l'énergie contenue dans l'air (*« **ions négatifs** ») à trois niveaux différents :

▶ **Au niveau corporel**, cela favorise l'élimination des toxines, produit un rajeunissement des tissus, stimule les processus de guérison, procure une détente des tensions corporelles et permet une sexualité/sensualité plus épanouie.

▶ **Au niveau émotionnel**, ces techniques calment le système nerveux et nous aident à développer une meilleure synchronicité corps/émotions/pensées.

▶ **Et au niveau mental**, les deux hémisphères cérébraux sont équilibrés, notre clarté mentale est améliorée favorisant ainsi notre discernement et la résolution positive des problèmes.

UN EXERCICE DE RESPIRATION FACILE ET EFFICACE

Un exercice de respiration que j'affectionne tout particulièrement est celui d'inspirer profondément en remplissant nos poumons, tout en conservant l'air autant que possible, en pensant au mot « **Paix** ». Ensuite, à l'expiration, on peut visualiser et propager la sensation de bien-être de ce mot partout à travers notre corps.

▶ Répétez la séquence cinq fois. C'est simple et efficace ! Faites-le tout de suite et voyez comme ça fait du bien !

▶ Vous pouvez faire la même chose avec les mots « **Santé** » ou « **Énergie Vitale** »… Ainsi vous emmagasinerez une bonne dose de Prâna !… Et encore plus grande, si vous êtes dans la nature !

Le niveau de vitalité présent dans le sang, les « **Nadis** » et les cellules individuelles déterminent la condition du corps humain. Ainsi, lorsque nous développons la capacité d'augmenter le Prâna dans notre corps et nos cellules, nous gagnons en harmonie et en santé dans notre vie, au niveau du corps comme de l'esprit.

Détente, santé et ressourcement général garanti !

QUEL EST L'IMPACT DE CES IONS NÉGATIFS SUR LE SOMMEIL ?

Au niveau neurologique, les *« **ions négatifs** » ont un effet positif dans des cas de dépression, d'anxiété, de stress, d'états d'angoisse et de panique.

Les ions négatifs (qui sont positifs !) favorisent calme et relaxation, permettant ainsi une bonne préparation au sommeil.

De manière expérimentale, comme le rapporte le ***Dr Hervé Robert**, au bout de trente minutes de fonctionnement, un ioniseur diminue la fréquence et l'amplitude des ondes alpha. Cette diminution précède l'endormissement. L'ionisation permettrait ainsi de mieux rentrer dans le sommeil. L'effet Prânique des ions négatifs stimule donc un sommeil réparateur et la régénération complète de notre organisme.

♥ 3 | Le Yoga… Un mode de vie santé ! ♥

Le **Yoga** libère les tensions musculaires subies par le stress des « trop-pleins ».

LES VERTUS DU YOGA

Le Yoga est un formidable mode de vie santé pour se libérer du stress et des tensions quotidiennes. Il permet d'enrayer la nervosité, de calmer le mental, de stimuler le système immunitaire et de nous donner un regain de vitalité !

« La pratique du Yoga » aide à soulager la fatigue chronique, les tensions musculaires, la dépression, les troubles de panique et d'anxiété, l'insomnie, et stabilise la pression artérielle. Il en résulte, par le fait même, une amélioration de la concentration, de l'équilibre du système nerveux et de la stabilité émotionnelle.

Lorsque j'ai commencé la pratique du Yoga il y a vingt-cinq ans, j'étais loin de m'imaginer tout le bien-être, l'harmonie et l'équilibre que ça allait apporter dans ma vie. À chaque fois que je fais une séance de Yoga, je me concentre uniquement à faire le vide intérieur et je porte toute mon attention à la respiration qui m'aide à relaxer tous mes muscles ainsi qu'à nourrir de Prâna (énergie vitale) tout mon corps.

Lors de ces séances, comme par enchantement, on dirait que toutes les interrogations par rapport à ma vie personnelle, familiale ou professionnelle se placent par elles-mêmes. Les réponses au « comment faire », quelle décision prendre, quelle est la solution idéale pour une situation précise… se mettent toutes en place. Ainsi, les idées viennent d'elles-mêmes et grâce à l'inspiration, l'intuition et la bonne guidance, la Vie arrange toutes choses…

J'adore ça !

▶ Le Yoga apporte la libération de tous les stress, tensions et cortisol (hormone du stress) que le corps emmagasine avec la vie trépidante et rapide que nous vivons de nos jours.

▶ Le Yoga s'avère aussi un excellent complément à l'entraînement physique ou toute autre discipline sportive. Il augmente la résistance physique et la capacité à l'effort, car il oxygène tous les muscles du corps. Un gros plus pour les sportifs invétérés !

Où faire du Yoga ?

Dans chaque ville, petite ou grande, il y a d'excellents professeurs de Yoga à découvrir qui peuvent enseigner les techniques de bases d'asanas (positions) et pranayamas (techniques de respiration). Et je pense même qu'il y a une excellente ***Professeure de Yoga/Tao** dans la région des Laurentides au Québec ! Devinez qui ? Je la connais bien ! Faire un week-end de Ressourcement Yoga/Tao avec elle, c'est vraiment le Bonheur ! LOL ! Hi Hi Hi ! (*Vous trouverez ses coordonnées dans la section **Bibliographie** de ce livre.)

Dans tous mes Ateliers de Yoga/Tao, vous avez la chance de découvrir toutes les techniques de respiration (pranayamas) que j'enseigne (six) et qui procurent des bienfaits exceptionnels à l'organisme. Si vous avez la chance d'apprendre ces techniques via un professeur certifié et de les pratiquer quotidiennement, vous sentirez un ressourcement immédiat dans votre corps et votre esprit.

Ce qui est vraiment génial, c'est qu'on peut maintenant faire du Yoga partout… Dans les gyms, les Centres de Santé, les Spas, en vacances en formule tout inclus, dans une classe de Yoga ou chez soi dans un petit coin détente de sa maison ! Alors tous à vos tapis !

Le Yoga est véritablement un « mode de vie santé » qui agrémentera votre qualité de vie !

♥ 4 | L'Écriture ♥

« Ce que l'on exprime ne s'imprime pas ! »

L'écriture permet de coucher sur papier l'ensemble des émotions que nous vivons comme si on se confiait à notre plus grand ami ou à un thérapeute en relation d'aide. C'est une technique très révélatrice, si l'on arrive à ne pas se censurer et à « Être » vrai avec soi-même.

Comme il est dit : « Ce que l'on exprime ne s'imprime pas ! ». Alors, pourquoi attendre ? Prenez vos papiers et crayons et écrivez « **tout** » ce que vous avez besoin d'écrire pour vous soulager et vous dégager des « trop-pleins » accumulés de la vie.

Il est important d'écrire intégralement ce que nous ressentons et vivons en émotions, d'y mettre tous les sentiments désagréables que l'on vit, les émotions de colère, les peines, les chagrins, les inquiétudes, les stress, etc., de parler et d'écrire au « **JE** » dans le texte. C'est le meilleur moyen pour une grande libération émotionnelle.

Ensuite, vous pourrez transmuter le tout par le feu. (Voir le point suivant [5] pour la description complète du processus par le feu.)

Comment éviter de déverser le « presto » d'émotions accumulées sur les gens qu'on aime ?

Vous devez écrire « tout » ce que vous avez sur le « Cœur » pour ensuite vivre la véritable « Connexion du Cœur ». De là, le pouvoir quasi miraculeux de la guérison du « Cœur ».

Il est toujours préférable d'écrire toutes nos souffrances, de libérer notre surplus émotionnel des situations déplaisantes et douloureuses vécues par le rejet, l'abandon, l'humiliation, l'injustice, la trahison, etc., plutôt que de déverser le « presto » d'émotions accumulées (depuis trop longtemps) et qui, malheureusement, « explose » plus souvent qu'autrement sur les gens qu'on aime.

L'écriture est un outil merveilleux pour notre évolution, pour améliorer la personne que nous sommes, faire des prises de conscience, faire des ajustements et des changements dans différentes circonstances de notre vie.

« L'écriture » nous permet de dire, par écrit, tout ce que nous avons de la difficulté à exprimer en parole à des gens qui nous ont blessés ou concernant des situations qui ont été conflictuelles.

Par l'écriture, il n'y a plus d'inhibition, on se sent libre de tout jugement. Les peurs de s'exprimer, de blesser l'autre ou de décevoir ceux qu'on aime par l'expression de nos émotions s'annulent instantanément puisque le processus complet favorise automatiquement la guérison du « Cœur » d'une personne à l'autre. Et… la guérison du « Cœur » par l'écriture, c'est totalement « magique » !

Il nous suffit de faire l'effort d'écrire ce que nous vivons, et d'ensuite le transmuter par le feu, ce qui règle notre problème à 80 % et parfois même en totalité. C'est donc beaucoup plus efficace, me direz-vous, que de faire affaire avec un « magicien » !… Ce dernier est bon pour faire disparaître un objet, mais que fait-il de nos émotions ? LOL !

Essayez le processus de l'écriture… Vous verrez vous aussi les résultats extraordinaires, les énergies bénéfiques et positives que cette procédure thérapeutique engendre dans votre vie ! C'est vraiment magique pour notre mieux-être !

♥ 5 | Le Feu ♥

La Purification

Le **feu** est très purificateur. Regarder une bougie, un feu de foyer ou un feu de camp purifie l'esprit et les *« **Formes-Pensées** » qui manquent de lumière.

Le travail de nettoyage se fait par soi-même, sans effort, agréablement, juste en relaxant tranquillement dans un état méditatif ou de contemplation ou en riant avec de bons amis autour du feu.

C'est pour ça que des soirées passées autour d'un beau feu de camp entre amis deviennent souvent de mémorables moments. En plus de générer une chaleur exceptionnelle à l'âme et au Cœur. Ce n'est pas pour rien qu'une chanson sur le thème du feu est reconnue par tous les bons campeurs dignes de ce nom !… Et que ceux-ci la connaissent par cœur ! *« **Feu, feu, joli feu…** » !

Si on a un grand vide d'amour, la chaleur d'un bon feu de foyer va sans contredit nous combler d'un bien-être réconfortant et d'une chaleureuse tendresse.

TRANSMUTER LES ÉCRITURES

Le feu peut aussi transmuter les écritures de vos « trop-pleins » en énergies positives d'amour pour tout un chacun impliquées dans ces écrits.

Il vous suffit de brûler tous vos écrits dans le feu, toutes les pages de tout ce dont vous vous êtes dégagés, en demandant que cela soit « transmuté en amour ». Que tout soit transformé en énergies bénéfiques pour votre mieux-être ainsi que pour celui des gens qui vous entourent, que vous côtoyez, ou pour ceux qui sont concernés dans les écrits.

Transformer l'écriture de nos émotions en énergie d'amour par le feu est très thérapeutique, surtout si nous n'avons pas l'opportunité d'exprimer nos sentiments à un thérapeute spécialisé pour nous écouter et nous aider à libérer nos « trop-pleins » de la vie.

Cette technique très efficace est la première que mon mentor m'a apprise il y a trente ans, alors que je vivais ma première grande transformation et « transition de vie ». C'est-à-dire coucher sur papier mes émotions pour ensuite les brûler en demandant qu'elles soient transformées en « énergies positives bénéfiques » pour moi-même et toutes les personnes concernées. Une technique qui s'avère encore très utile chaque fois qu'une situation bouleversante perdure dans mon esprit et ne semble pas vouloir se régler, malgré tous les autres nettoyages que je pratique quotidiennement.

Une fois libérée de mes émotions, je suis tellement heureuse que je me mets à chanter la chanson populaire du feu « **Feu, feu, joli feu…** » et dans mon enthousiasme j'irais parfois jusqu'à danser de joie partout dans la maison !!! Vraiment partout !! Lol !! … Mais je m'arrange pour être seule quand le besoin et l'envie de célébrer comme ça se présentent ! Lol !

*Chanson : *Feu, feu, joli feu…*
Refrain :
Feu, feu, joli feu,
Ton ardeur nous réjouit
Feu, feu, joli feu
Flambe dans la nuit
Dans la nuit
Les couplets :
1– Vive la chaleur du feu, vive sa chaleur !
2– Vive la clarté du feu, vive sa clarté !
3– Vive la splendeur du feu, vive sa splendeur !
4– Vive la bonté du feu, vive sa bonté !
5– Vive les couleurs du feu, vive ses couleurs !
6– Vive la beauté du feu, vive sa beauté !
7– Vive le travail du feu, vive son travail !
8– Vive les tisons du feu, vive ses tisons !
9– Vive les parfums du feu, vive ses parfums !
10– Vive la chanson du feu, vive sa chanson !
11– La flamme est un don des Cieux, vive le bon Dieu !

♥ 6 | L'Eau ♥

L'Eau et les émotions

L'eau est reliée aux émotions. Celles-ci peuvent être accumulées dans le corps, et boire de l'eau permet un grand nettoyage de libération émotionnelle. L'Eau évacue tous les « trop-pleins » d'émotions. Boire un grand verre d'eau quand nous avons une émotion subite aide à la faire passer et nous aide à revenir dans la vibration du Cœur.

Notre corps est constitué à 70 % d'eau, il est donc très important de s'hydrater régulièrement et de boire au moins deux litres d'eau par jour. Ce cycle naturel permet au corps de se remplir d'une énergie renouvelée pour ensuite évacuer les « trop-pleins » tout à fait naturellement. C'est comme vider un verre d'eau et ensuite le remplir. On vide l'ancien, la vieille eau usée, et on se remplit à nouveau de belle eau claire !… Et, dans le processus, le grand ménage se fait par lui-même !

LE JEÛNE

C'est la raison pour laquelle prendre le temps de faire un grand nettoyage de notre organisme par le « jeûne » est très bénéfique, puisque l'eau est la seule substance neutralisante que l'on ingère habituellement pendant cette période de nettoyage. Le jeûne est une pratique naturelle de pause alimentaire qui permet un repos au corps. Ce qui lui procure une régénération cellulaire.

L'organisme du corps humain est merveilleux, il est capable de s'autorégénérer. Le jeûne va le nettoyer en profondeur.

La pratique du jeûne est connue depuis la nuit des temps et ses vertus thérapeutiques depuis des siècles. Même dans la nature, les animaux jeûnent de manière instinctive, par exemple lorsqu'ils sont malades ou blessés ou encore lorsqu'ils hibernent.

Diverses expériences ont démontré sur le modèle animal qu'une restriction alimentaire non excessive prolonge la durée de vie de nombreuses espèces (souris, rat, singe). Une étude publiée dans le ***Magazine *Nature***, en 2016, a aussi prouvé que ce jeûne s'accompagne d'une diminution des dommages à l'ADN.

Le jeûne a été préconisé par Hippocrate tant pour guérir que pour prévenir les maladies. Platon et Socrate ont eux aussi loué les vertus du jeûne. Celui-ci est sans doute l'une des plus anciennes approches d'autoguérison connue à ce jour.

Pourquoi jeûner ?

Le jeûne permet de purifier tout l'organisme, le corps, les pensées et l'ensemble des émotions. Il est conseillé de faire un jeûne à l'occasion, au moins une fois par année, ou de faire quelques journées de temps en temps. Le jeûne favorise le repos de l'organisme et procure un nettoyage complet de nos méridiens, foie, rate, pancréas, intestins, reins, cœur, poumons, etc., et de nos « trop-pleins ».

Recommandations

Il est recommandé de faire un jeûne sous la supervision d'un thérapeute, ou d'un centre spécialisé dans le domaine. Et c'est préférable et suggéré de demander l'avis de son médecin pour vérifier si sa santé le permet.

Les types de jeûnes

Il existe plusieurs types de jeûnes : le « jeûne journalier » d'une durée de quelques heures, le « jeûne hebdomadaire » pratiqué une journée par semaine, ou la « cure-santé complète » exercée sur une période d'une semaine ou plus.

Puisque je n'ai pas toujours le temps de faire un jeûne complet et de prendre congé dix jours d'affilée pour cette cure-santé complète, je pratique le rituel des « petits jeûnes », nommé le « jeûne journalier », qui a un effet bénéfique sur mon système puisqu'il repose mon organisme pendant quelques heures.

Si mon horaire le permet, deux à trois fois par semaine, je jeûne le matin jusqu'à l'heure du midi, et pendant ce temps, je bois une « **eau citronnée** » en grande quantité… le meilleur « truc de grand-mère » que je connaisse pour nettoyer tout le système !

LES 10 BIENFAITS DE L'EAU CITRONNÉE

*(Référence : Dr Alain Tuan Qui, site web : Docteur Bonne Bouffe.com)

1 – Hydrate notre organisme :

Le citron dispose d'importantes vertus hydratantes puisqu'il contiendrait 80 % d'eau.

2 – Favorise la digestion :

L'eau citronnée, consommée à jeun, permettrait d'améliorer le transit intestinal : en effet, boire de l'eau citronnée permettrait de faire « décoller » les déchets restés sur la muqueuse digestive, et de nettoyer notre système digestif et donc d'améliorer notre digestion. Il est aussi un bon dépuratif pour le foie.

3 – Stimule notre système immunitaire :

Le citron est un des aliments les plus riches en vitamine C : il nous aide à lutter contre la fatigue passagère ou chronique et serait un grand stimulateur du système immunitaire.

4 – Détoxifie l'organisme :

Le citron possède des vertus détoxifiantes, car il nettoie le système digestif tel que mentionné précédemment. Il est également un diurétique doux et naturel : il stimulerait l'activité des reins favorisant ainsi l'élimination des toxines de notre corps.

5 – Équilibre le pH du corps :

Avec son goût acide, on a tendance à penser que le citron serait acidifiant. Or, il ne l'est pas ! Le citron, par sa contenance en acide citrique, se combine dans l'organisme avec les minéraux et libère des résidus alcalins qui ont une action anti-acidifiante. Par son action alcalinisante, le citron permet donc au pH de notre corps de s'équilibrer dès qu'il est pris avec de l'eau.

(*Référence : Livre du Dr Jacqueline Lagacé, « ***Comment j'ai vaincu la douleur et l'inflammation chronique par l'alimentation*** »)

6 – Nettoie la peau :

En plus de toutes ces propriétés détoxifiantes et diurétiques, le citron ajouté à l'eau tiède permet de garder une peau saine et lumineuse. En effet, sa nature alcaline détruit quelques-unes des bactéries qui sont à l'origine de l'acné et d'autres problèmes de peau.

La vitamine C et d'autres antioxydants que contient le citron contribuent également à effacer les rides et les taches et à combattre les radicaux libres, responsables du vieillissement accéléré de la peau.

7 – Un coupe-faim naturel :

Le citron est un coupe-faim, car il contient de la pectine, une fibre qui gonfle au contact de l'eau dans l'estomac, le citron envoie un message de satiété prévenant ainsi les petites comme les grosses faims ! L'idéal en temps de jeûne !

8 – Fait maigrir :

Boire l'eau citronnée à jeun le matin permettrait aussi de perdre du poids. En effet, comme l'explique le Dr Alain Tuan Qui, médecin en santé holistique, « L'eau citronnée aide à maigrir, car en améliorant notre transit et en faisant mieux fonctionner notre foie, notre organisme est donc optimisé pour la combustion des acides gras ».

Précieux atout minceur et détox, le citron est également un aliment santé par excellence, en raison de sa richesse en divers antioxydants, qui luttent contre les radicaux libres qui peuvent endommager les cellules ! En résumé, l'eau citronnée est véritablement un remède miracle… et à utiliser autant qu'il nous plaît !

9 – Comment consommer l'eau citronnée ?

Les proportions parfaites de l'eau citronnée, afin d'en maximiser les bienfaits pour notre organisme, sont d'un quart de citron pour un verre d'eau. Il est important de s'assurer que l'eau est tiède (température ambiante) : ni trop froide ni trop chaude. La température idéale de l'eau citronnée est celle de notre organisme, à savoir 37 °C. Autre point important : la provenance du citron. Utilisez toujours des citrons frais, biologiques de préférence (pour éviter les pesticides dans votre boisson santé !). Buvez un verre de cette préparation à jeun quinze à vingt minutes avant votre petit-déjeuner ou durant un jeûne. Rien de mieux que cette boisson santé pour commencer sa journée !

10 – **Recommandations :**

Le jus de citron n'est pas recommandé, surtout à jeun, **en cas d'ulcère, gastrite ou de reflux œsophagien** à cause de son acidité naturelle. Il n'est également pas recommandé aux **personnes « neuro-arthritiques »** qui risquent au contraire de s'acidifier avec le citron. N'oubliez pas également que l'acidité du citron peut **affaiblir notre émail dentaire**.

Docteur-BonneBouffe.com recommande de boire l'eau citronnée à la paille, par exemple, et de **ne jamais se brosser les dents tout de suite après avoir bu du citron.**

La Balnéothérapie et ses 5 bienfaits

Prendre des bains thérapeutiques est aussi très libérateur des tensions et des « trop-pleins » de la vie. En plus d'apporter une détente exceptionnelle pour le corps, l'âme et l'esprit !

Le **terme balnéothérapie** vient du latin « balnéum » qui signifie « bain ». La Balnéothérapie est considérée comme l'un des agents thérapeutiques naturels les plus puissants, qui procure des bienfaits surprenants sur la santé. Elle est très facile à expérimenter, il s'agit d'un soin qui utilise l'eau courante dans une baignoire à laquelle peuvent être additionnés des produits marins comme les algues, le sel de mer ou la boue marine.

On peut aussi y ajouter des huiles essentielles, des fleurs thérapeutiques, etc. La Balnéothérapie peut s'effectuer par l'intermédiaire d'une baignoire à remous ou simplement dans un bon bain chaud.

Je peux dire que je suis une adepte de la Balnéothérapie depuis fort longtemps et qu'elle me procure des bienfaits exceptionnels dans ma vie de tous les jours. Après une grosse journée de travail, c'est vraiment l'idéal pour me libérer de tout le stress vécu et des « trop-pleins » du jour.

J'ai commencé cette pratique par un simple besoin de relaxation après une grosse journée de travail, mais c'est au fil des ans que j'ai développé une habitude régulière en alternant les bains à la boue, aux algues, aux sels marins et aux huiles essentielles.

Prendre un bain ou une douche en étant conscient de nettoyer ses *« **Corps énergétiques** » en même temps, favorise le nettoyage complet du *« **Corps aurique** » et du *« **Corps émotionnel** ». Plus on en est conscient, plus le travail se fait et nous procure une grande détente. Les bains aux sels de mer sont recommandés et bénéfiques pour ce genre de nettoyage.

1 – Les vertus thérapeutiques de la Balnéothérapie

Les vertus thérapeutiques de la Balnéothérapie se retrouvent dans l'eau de mer, les algues, les sels marins, les boues marines ou terrestres. Ces éléments sont très riches en minéraux, vitamines et oligo-éléments (iode, calcium, phosphore). Tous ces éléments thérapeutiques de la mer (et de la terre, boue terrestre) nourrissent et oxygènent les cellules.

La Balnéothérapie a de multiples bienfaits. Elle permet de stimuler le tonus musculaire, la digestion, la saine alimentation et favorise l'élimination des cellules mortes et des toxines du corps. En stimulant la circulation sanguine, elle soulage la congestion interne et retarde de ce fait l'apparition des varices. De plus, elle apporte des effets bénéfiques sur le système cardiovasculaire. Sont également éliminés les dépôts de calcium dans les vaisseaux sanguins.

2 – Faire une cure de Balnéothérapie

Faire une cure de Balnéothérapie est le moyen idéal pour dégager tout le stress accumulé. Son influence est bénéfique sur tout l'organisme. Placez-la dans votre agenda, comme vous le faites pour les moments de vacances en famille. Mais cette fois-ci, cette vacance est juste pour vous. Planifiez une semaine entière ou trois-quatre jours, selon vos besoins, à votre horaire, voire quelques heures pour votre mieux-être !

À chaque fois que ce moment de l'année arrive, je suis tout heureuse, car c'est comme un grand cadeau que je me fais « à moi, de moi, parce que je m'aime ! ». C'est un moment où je me retrouve, où je pense juste à moi et où je fais le vide de tout ce dont je n'ai plus besoin ! Ces moments de rencontre avec moi-même sont nécessaires pour mon équilibre de vie et mon bonheur, alors je m'arrange pour les planifier dans mon quotidien ou en faisant de petites cures de Balnéothérapie une ou deux fois par année.

Lorsque j'avais mon propre Spa/Centre de Santé, pendant dix-huit ans, je planifiais quatre jours de soins intensifs deux fois/année, printemps-automne. Parfois, j'allais aussi dans d'autres Spas et Centres de Balnéothérapie pour des cures d'une semaine à dix jours. Maintenant, je suis tout équipée à la maison, alors je fais ce genre de cure le plus régulièrement possible… surtout lorsque je constate que le tourbillon de la vie a pris le dessus sur mes horaires, sur ma joie de vivre et ma qualité de vie !

3 – Les bains à remous

Les bains à remous aident à la guérison du rhume et de la grippe, l'idéal en saison hivernale. L'inhalation de vapeurs d'eau au cours d'un bain à remous est aussi hautement recommandée en cas de sinusite, de bronchite, d'allergie ou d'asthme. Une séance de Balnéothérapie de quinze à vingt minutes, avec un mélange de sel de mer et de bonnes huiles essentielles d'eucalyptus ou de pin, suffit pour en tirer tous les bienfaits. Les bains devraient être pris trois fois par semaine pour une cure-santé optimale.

Les produits thérapeutiques à ajouter à la baignoire comme les algues, la boue, les mélanges de sel de mer et d'huiles essentielles peuvent être achetés dans des magasins d'aliments naturels ou dans tout bon Spa/Centre de Santé qui vous renseignera sur les meilleurs produits à acheter en fonction de vos besoins.

4 – L'hydromassage

L'hydromassage a un effet massant qui apaise le système nerveux et relaxe les muscles. La présence de jets procure un effet tonifiant sur le corps en plus de revigorer les muscles endoloris. De plus, il soulage la sensation de jambes lourdes, les douleurs au niveau du dos, de la nuque et des pieds, et draine le système lymphatique grâce aux jets puissants.

5 – La Balnéothérapie, nettoyeur de la peau

La Balnéothérapie nettoie la peau en profondeur, la raffermit et augmente son élasticité… en plus d'affiner la silhouette… Quoi de mieux pour rester belle, beau, jeune et en santé ! Après une séance de Balnéothérapie, on se sent véritablement régénéré et libéré de nos « trop-pleins »… ça, c'est certain !

Comme le disait Jacques-Yves Cousteau, explorateur océanographique français : « Nous sommes nés de l'eau, c'est en son sein qu'apparurent les premières cellules vivantes. L'eau et notre vie sont liées. »

De nos jours, la technologie permet de profiter des bienfaits de la Balnéothérapie chez soi… alors, profitons-en ! C'est maintenant le temps de vous concocter un bon bain relaxant !

MA « CURE OPTIMALE » PERSONNELLE À LA MAISON, POUR UNE DÉTENTE COMPLÈTE

Il s'agit de ma « cure optimale » et personnelle pour une pleine relaxation… Après une grosse semaine de travail, il est important pour moi de commencer la fin de semaine par une grasse matinée relaxante et ensuite consacrer au moins cinq-six heures à la notion du : « **on se dépose** ».

C'est-à-dire mettre le quotidien, parfois trop rapide, en pause. Me relaxer, me détendre. Puis bouger un peu, prendre de l'air et/ou faire du sport. Je choisis une activité physique à mon goût, car, personnellement, cela me détend et vide les « trop-pleins » de mon esprit.

J'aime bien poursuivre ma détente par un bain relaxant ou un sauna, et pour terminer, un traitement de Neuro-massage sur chaise thérapeutique. Rendue là, croyez-moi, je suis tellement détendue que je dors à poings fermés… Bref, la totale ! Un peu comme une visite au Spa.

Tout ceci me procure une détente assurée, pour bien décompresser de la semaine, « me déposer » et vider tous mes « trop-pleins »… Bien sûr, vous aurez compris que chacun trouvera sa manière personnelle de « se déposer »…

L'Eau et la Mer

Les vertus thérapeutiques de la mer nous procurent d'immenses bienfaits. Être assis au bord de la mer est très purificateur, car l'air salin purifie notre *« **Aura** ». Aussi, une bonne baignade dans la mer nettoie notre corps émotionnel grâce à l'eau salée. Pas étonnant qu'il y ait autant de touristes adeptes de destinations exotiques et balnéaires !

Aller faire le vide par un séjour au bord de la mer permet un retour en grande force et complètement régénéré, même si la plupart du temps nous n'en sommes même pas conscients ! Ainsi, prendre de longues marches sur la plage et faire plusieurs baignades dans la mer chaque jour devient incontestablement une cure-santé optimale !

Quelle belle excuse pour réserver un beau voyage dans le Sud !… Et dire à son chéri ou sa chérie : « Chériiiii(eeeee), as-tu envie d'aller vider tes "trop-pleins" dans le Sud ? »… Réponse : « Mes trop quoi ??? » Lol !

♥ 7 | Les Cures-Santé internes ♥

Faire des **Cures-Santé** pour nettoyer son corps et son organisme à quelques reprises dans l'année procure des résultats très bénéfiques pour la libération des « trop-pleins ». En vidant le corps de ses impuretés et déchets, on le vide immanquablement de tout ce qui ne nous correspond plus et dont nous n'avons plus besoin dans notre vie pour cheminer. On le libère des toxines accumulées et en même temps de tous les autres « trop-pleins » de notre vie. On se libère du vieux, comme on dit !

Le meilleur temps de l'année pour faire une bonne « Cure-Santé »… et pour faire peau neuve !

Le printemps et l'automne sont propices à faire peau neuve, faire du grand ménage dans nos maisons, dans nos garde-robes, dans notre corps. Par exemple, au printemps, nettoyer les saletés de l'hiver sur nos terrains et préparer nos jardins et plates-bandes pour la belle saison estivale, et l'automne, faire le ménage à la fin des vacances, avant la rentrée scolaire.

C'est la même chose pour notre corps.

Le printemps, c'est le meilleur moment pour faire un grand nettoyage, afin de se libérer de ce qui s'est accumulé durant l'hiver. Et à l'automne, de se libérer des excès de l'été ou de ce qui s'est accumulé dans notre corps au fil du temps. Se débarrasser de ce dont on n'a plus besoin et de tous nos « trop-pleins » fait un bien immense. Il est tout aussi important de le faire pour notre corps comme lorsqu'on fait un changement d'huile sur notre véhicule !

Le printemps et l'automne, c'est le temps de faire un petit nettoyage du corps par une « Cure-Santé interne » qu'on peut retrouver dans les endroits spécialisés comme tout bon magasin de produits naturels et se faire conseiller par des spécialistes de la santé. Faire une « Cure-Santé » nous aide à nous libérer des toxines et du stress (cortisol) et procure un nettoyage complet de tous nos méridiens et de nos organes internes (foie, rate, pancréas, reins, poumons, cœur, intestins).

Comment obtenir les meilleurs bienfaits lors de votre « Cure-Santé » ?

Pour obtenir les meilleurs bienfaits lors de votre « Cure-Santé », il est suggéré, en même temps, de faire une remise en forme par le biais de l'entraînement, de faire du sport, de prendre le temps de profiter de la nature et de s'adonner à toutes sortes d'activités en plein air, de pratiquer le yoga ou de s'offrir une petite « douceur printanière ou automnale »… par la prise de bains tourbillons, saunas, suivis d'un bon massage… À vous de choisir !

Bref ! Du bon temps pour soi, qui procurera à votre corps une libération des tensions énergétiques et musculaires ainsi que tous les stress que celui-ci emmagasine au quotidien. Mieux-être physique, mental et émotionnel garanti !

Il est recommandé de faire ce type de « Cure-Santé » deux fois par année, à l'automne et au printemps. Faire une « Cure-Santé » occasionnelle nous apporte un regain de vitalité, le ressourcement corporel que nous cherchons après un hiver rigoureux ou un été surchargé d'activités et nous procure l'enthousiasme nécessaire afin d'activer nos nouveaux projets, et être en bonne santé !

Oui ! Allez-y ! Trouvez le temps idéal pour une bonne « Cure-Santé » ! Votre corps vous en remerciera ! Les résultats vous surprendront, car il s'agira d'un bon nettoyage du corps et de l'organisme tout autant que de l'âme et de l'esprit !

♥ 8 | Le Tao ♥

Les techniques de **TAO** servent à purifier nos « trop-pleins » en nettoyant nos corps énergétiques. Les exercices de Tao, faits tout en douceur, sont des techniques vraiment efficaces pour libérer les « trop-pleins » des énergies lourdes accumulées dans notre aura.

Il est important de savoir qu'avant d'arriver à « notre corps physique », les « trop-pleins » qui se transforment souvent en maladie se manifestent d'abord et avant tout, dans « nos corps d'énergies » *(Aura).

Ainsi, nettoyer ceux-ci quotidiennement par le Tao, nous évite une accumulation éventuelle de douleurs physiques, morales, psychiques ou émotionnelles.

TAO ÉNERGÉTIQUE ET OUVERTURE DU CŒUR

Le Tao énergétique est un combiné de techniques simples et faciles à apprendre pour enrayer la nervosité, calmer le mental, aider à la libération du stress et des tensions quotidiennes, stimuler le système immunitaire ainsi que faire un grand nettoyage énergétique et de purification des *« **Corps subtils** » : *« **Corps mental** », *« **Émotionnel** » et *« **Spirituel** ».

Le Tao se pratique debout, assis ou couché sur le sol, et s'effectue par de légers, doux et relaxants mouvements de détente pour augmenter l'énergie vitale.

S'y adonner régulièrement apporte un regain de vitalité et nous aide à conserver une bonne santé. Les techniques de Tao stimulent la joie de vivre et procurent le repos et le bien-être de l'esprit. Les pensées deviennent plus calmes, paisibles, nous aidant à prendre de meilleures décisions.

Nous sommes ainsi plus efficaces et enthousiastes dans la manière de vivre notre quotidien.

Pratiquer le Tao assidûment permet « **l'ouverture du Cœur** ». Il en résulte un sentiment d'unicité, de profondeur et de silence intérieur. Intégrer ces techniques de Tao nous connecte donc à notre Cœur, mais aussi à la réalité de la vie. Nous permettant ainsi d'en apprécier la puissance et la beauté.

Lorsque « nos corps énergétiques » sont alignés, être à « l'écoute de notre Cœur » devient beaucoup plus facile. Sans aucun effort à déployer, la « Connexion du Cœur » se fait plus naturellement et peut rayonner d'elle-même.

Je pratique ces techniques de Tao depuis plus de vingt-cinq ans.

C'est en Guadeloupe, après avoir finalisé toutes mes formations, que j'ai commencé à les enseigner et depuis ce temps, je ne peux me passer de faire au moins dix minutes par matin de ces « techniques énergisantes » qui sont en réalité un baume de bonheur pour le début de ma journée !

Mettre en application dix à quinze minutes de Tao au lever est comme dire bonjour à la Vie et m'ouvrir en même temps à tout ce qu'elle a de mieux à m'offrir pour la journée qui s'annonce !

♥ 9 | Les Massages ♥

LES MASSAGES… UNE VRAIE « CURE DE JOUVENCE » !

Qui n'a pas besoin de s'évader un moment, loin de tout, histoire de refaire le plein d'énergie et de recevoir un bon **MASSAGE** pour faire le vide de ses « trop-pleins » de la vie ? Oui ! Les massages sont d'une efficacité exceptionnelle pour nous libérer des tensions, car beaucoup de nos « trop-pleins » se logent dans nos terminaisons nerveuses et dans nos muscles. Tout le monde devrait s'allouer « du bon temps », profiter d'une pause détente et apprécier les bienfaits d'un bon massage, car il nous procure aussi un « élixir de longue vie ».

Le massage est une vraie « Cure de Jouvence » pour le corps, l'âme et l'esprit. Il permet de nous libérer des tensions physiques, émotionnelles et mentales… ce qui favorise aussi, du même coup, le ralentissement du « processus de vieillissement ».

Il représente une « Cure de Jouvence » comme dans une « Fontaine de Jouvence » ou « Fontaine de vie ». Un processus qui aide à régénérer toutes nos cellules, soulage nos douleurs, favorise la période de convalescence, permet de retrouver l'équilibre et l'harmonie intérieure et nous garde en pleine santé.

L'UNE DES PLUS ANCIENNES MÉTHODES THÉRAPEUTIQUES

Depuis la nuit des temps, la massothérapie a servi à guérir et à soulager les malaises de toutes sortes. C'est probablement l'une des plus anciennes méthodes thérapeutiques contre la douleur. Elle fait partie des formes de thérapie populaire développées et adaptées, à une époque reculée, par les peuples de tous les continents.

Les anciens parlaient d'une thérapie « par le toucher » pratiquée sous forme d'imposition des mains et de techniques thérapeutiques aussi distinctives les unes que les autres. Chez les Perses, le massage était pratiqué avec les mains et les pieds. Le massage est donc depuis toujours un geste instinctif.

Les multiples vertus du massage et l'engouement pour ce type de relaxation et de détente ne sont pas étrangers au type de vie stressante d'aujourd'hui où tout doit toujours aller plus vite et où la performance est d'une rigueur intransigeante.

Reprendre son souffle, décrocher du rythme effréné de la vie, calmer le mental, faire une remise à zéro, tout cela s'avère essentiel au maintien d'une bonne santé.

Comme le dit si bien l'adage datant de l'époque romaine : « Un esprit sain dans un corps sain ! »… Ce qui signifie « qu'avoir un corps sain » nous aidera immanquablement à « avoir un esprit sain » et vice-versa !

PLUSIEURS TYPES ET TECHNIQUES DE MASSAGE

Nous sommes chanceux, car de nos jours plusieurs types et techniques de massage sont disponibles. Les Centres de Santé se spécialisent surtout dans les massages : de relaxation, le sportif, le thérapeutique, à quatre mains, pour femmes enceintes ou enfant, aux pierres chaudes, le drainage lymphatique, la réflexologie, l'imposition des mains, etc. Chaque technique est adaptée au goût de l'individu et au but recherché.

Le massage suédois est incontestablement le plus populaire, ainsi que la technique la plus classique et la plus pratiquée en Occident. On doit cette technique de massage à un Suédois avant-gardiste du nom de Pehr Henrick Ling, qui a bien voulu nous transmettre sa science, pour le plus grand bien de tous. Le massage suédois a la particularité de diminuer le stress, de favoriser l'élimination des tensions nerveuses, d'améliorer la circulation sanguine et lymphatique, d'éliminer les toxines accumulées ainsi que d'assouplir la masse musculaire. Ses manœuvres reconnues, comme l'effleurage (léger ou profond), les pétrissages, percussions, frictions, travail articulaire, drainage, etc., en font le massage de rêve pour plusieurs.

Certains opteront pour l'achat d'un fauteuil de massage (ou coussins sur chaises) ou encore d'une machine sophistiquée. Mais rien ne remplace la main humaine et un excellent massage donné par un bon thérapeute dans un Centre de santé où l'ambiance, l'intimité ainsi que le service à la clientèle sont développés et organisés en fonction du mieux-être du client. Finalement, vous pourrez apprécier et reconnaître le travail, la générosité et le don de soi d'un massothérapeute professionnel qui prodigue des soins avec beaucoup d'amour et d'attention.

Alors, se payer un agréable massage représente le moment idéal pour prendre soin de soi et s'accorder périodiquement de petites douceurs. La régularité et la fréquence du massage apportent des bienfaits insoupçonnés sur le corps et l'esprit et font le nettoyage de notre organisme et de nos « trop-pleins », sans même qu'on s'en rende compte ! C'est vraiment le « Nec plus Ultra » !

À la sortie d'un bienfaisant traitement, on se sent véritablement libéré de nos résistances, de bien des tracas, en plus de se sentir invraisemblablement plus léger, comme si le poids des lourdeurs de la vie avait disparu tout d'un coup !

Essayez-le, vous serez étonné de vous sentir autant relaxé, détendu et vivifié. C'est un pur bonheur de recevoir un massage de qualité par un thérapeute spécialisé, certifié et professionnel. Vous ressentirez une certaine jeunesse renouvelée digne d'une vraie « Cure de Jouvence » !

Ayant été propriétaire d'un Spa en Massothérapie et Balnéothérapie, j'ai eu la chance, pendant plusieurs années (dix-huit ans), de me faire dorloter toutes les deux semaines !

Vous dire les bienfaits que j'en ressentais et la vitalité renouvelée à chaque fois. Dans mon Spa, la cabine où je préférais recevoir mes soins-santé portait le nom de « Cléopâtre »… Cependant, je ne suis pas devenue la belle « Cléopâtre » pour autant ! Lol ! Non, mais… une fille peut bien rêver !

Bon massage !

♥ 10 | Les Saunas ♥

LE SAUNA FINLANDAIS

La pratique du **Sauna** est une tradition sociale qui existe depuis plus de deux mille ans dans les pays nordiques.

Il est un rituel-santé originaire de la Finlande.

Comme son nom l'indique, le sauna « Finlandia » appartient à la plus pure tradition du sauna nordique. Il est aménagé dans un bâtiment spacieux fait de bois massif, dans une petite cabane en bois ou une pièce dans laquelle on prend un bain de « chaleur sèche », pouvant varier de 70 °C à 100 °C, pour le bien-être.

Prendre un sauna consiste à rester dans cette pièce chauffée à haute température pendant quelques instants, puis d'en sortir pour profiter de l'alternance chaud-froid. L'action de la chaleur et du froid rend ce rituel particulièrement sain pour l'équilibre de la peau et pour une meilleure santé.

L'ACTION DU SAUNA SUR LE CORPS

En entrant dans le « sauna sec », le corps se retrouve face à une température avoisinant les 80 °C selon le type de sauna et la puissance du poêle utilisé.

▶ La réaction du système cardiovasculaire à cette température est immédiate : dilatation des vaisseaux sanguins et augmentation du rythme cardiaque.

▶ La peau se met ensuite à transpirer abondamment, les pores se dilatent.

▶ Le corps sécrète des endorphines qui aident à la relaxation.

▶ Au bout de dix-quinze minutes, on sort du sauna pour prendre une douche ou un bain froid. L'action du froid resserre les pores de la peau et revitalise le corps.

▶ Ensuite, il est conseillé de prendre le temps de s'accorder une période de repos-détente de vingt minutes à l'extérieur du sauna, entre chacun des cycles chaud-froid.

▶ On répète ensuite jusqu'à trois fois les alternances chaud-froid, en prenant bien soin de se réhydrater, en buvant de l'eau entre chaque passage au sauna afin de récupérer l'eau transpirée.

Il est en effet possible de perdre jusqu'à un litre d'eau lors d'une séance de sauna.

LES 6 BIENFAITS DU SAUNA

L'action de la chaleur dans le sauna et les différents passages chaud-froid procurent des bienfaits non négligeables pour l'organisme :

1 – L'action relaxante du sauna :

Une séance de sauna est très efficace pour lutter contre le stress, la tension et toute la fatigue accumulée par nos « trop-pleins ». Sous l'action de la chaleur, le corps libère des endorphines favorisant la détente, le sommeil et la relaxation. Pratiqué juste avant de se coucher, le sauna aide à mieux dormir.

2 – L'action purifiante du sauna :

La chaleur sèche du sauna provoque une forte transpiration ainsi que la dilatation des pores de la peau. Cette sudation permet de chasser les toxines accumulées par l'organisme. Une bonne séance de sauna donne lieu à la purification du corps comme de l'esprit.

3 – L'action musculaire et cardiovasculaire du sauna :

En dilatant les vaisseaux sanguins, le sauna aide au bon fonctionnement du système cardiovasculaire. Il aide également à maintenir la pression artérielle à un niveau faible. Enfin, l'augmentation de la vitesse de la circulation sanguine dans le sauna permet de soulager rapidement les douleurs musculaires et autres courbatures.

Une nouvelle étude publiée par le journal médical *JAMA Internal Medicine* affirme que les femmes et les hommes qui fréquentent régulièrement les saunas semblent réduire leur risque de mort cardiovasculaire et même de mortalité, toutes causes confondues. La prise du sauna est donc recommandée pour garder une bonne santé ! Ça, les Finlandais l'ont compris depuis bien longtemps !

4 – Les bienfaits du Sauna pour les Finlandais :

Tout au long de l'Histoire, la Finlande et le sauna n'ont fait qu'un.

Depuis des siècles, dès leur plus jeune âge, les Finlandais sont initiés à cette pratique. Le sauna s'inscrit comme un véritable mode de vie et ne les quitte plus tout au long de leur vie.

En hiver, les températures souvent glaciales offrent un contraste entre le chaud et le froid très apprécié des amateurs, ravis d'alterner plaisir et sensations fortes. Plonger dans l'eau glacée des lacs et se rouler dans la neige est réputé bon pour la circulation sanguine, même si la plupart des Finlandais se livrent à cette pratique avant tout pour l'incroyable coup de fouet que cela leur procure.

L'adjectif finnois « Saunanjälkeinen » sert à décrire l'état de sérénité particulier qu'on éprouve en sortant du sauna : cet état « planant » d'après-sauna est d'ailleurs considéré chez nous comme une excuse valable pour ne rien faire, chacun étant libre dès lors de s'abandonner à cet état de vide bienfaisant aussi longtemps qu'il lui plaira.

5 – L'amélioration des défenses immunitaires par le sauna :

Le sauna met le corps en sudation, ce qui stimule le système immunitaire et entraîne une production accrue de globules blancs et d'anticorps afin de lutter contre les maladies. Pratiquer régulièrement des séances de sauna permettrait même de se protéger des épidémies de grippe.

6 – La beauté de la peau :

En dilatant les pores, le sauna permet à la peau d'évacuer ses toxines. Ainsi, il assouplit également la peau et améliore son élasticité.

La douche froide (ou baignade froide) que l'on doit prendre après le sauna permet ensuite de resserrer les pores de la peau, améliorant son apparence.

Sauna : Comparatif des types de saunas

(Voir les photos du Lexique)

On peut choisir parmi différents types de saunas, selon l'énergie utilisée.

Il existe le *« **Sauna traditionnel** » chauffé au bois ou au gaz, le *« **Sauna électrique** » et le *« **Sauna infrarouge** ».

C'est ce dernier que je préconise et utilise à la maison, car il ne nécessite pas de toujours alimenter le poêle à bois du sauna traditionnel ou d'arroser les pierres volcaniques du poêle électrique.

Dans le sauna infrarouge, la température monte vite et elle est moins étouffante qu'un sauna traditionnel.

Dans ce dernier, la chaleur intense élève la température ambiante au point de rendre parfois la respiration difficile, puisque l'air devient ainsi beaucoup trop sec.

Tandis que dans le sauna infrarouge la chaleur se dirige à l'intérieur du corps au lieu d'élever et chauffer la température ambiante à l'intérieur du sauna.

L'important, lors d'une séance, c'est de se sentir à l'aise avec la température ambiante et d'y rester au moins dix-quinze minutes ou selon le besoin de sudation jusqu'à voir des gouttelettes d'eau apparaître partout sur le corps.

Mais soyez attentifs ! Lorsque vous sentez que vous êtes littéralement en train de fondre sur place, c'est signe qu'il est grand temps de sortir du sauna ! LOL !

En fait, l'essayer c'est l'adopter ! Je ne pourrais plus m'en passer tellement j'aime cette sensation de bien-être. Après plusieurs années passées à fréquenter des Spas nordiques, j'ai finalement décidé d'en faire installer un à la maison. Un investissement rentable, car je l'utilise à l'année.

Je saute dans le lac jusqu'à la gelée des glaces en décembre et recommence au printemps, dès les premières fontes. Entre-temps, durant les grands froids de l'hiver, la neige permet de faire le contraste chaud-froid, nécessaire à ce rituel-santé bénéfique à tous points de vue.

Et en vous roulant dans la neige, n'ayez pas peur de devenir comme un « bonhomme de neige » la chaleur de votre corps la fera fondre sans le temps de le dire !

LOL !

♥ 11 | L'Exercice ♥

L'EXERCICE ET « LES HORMONES DU BONHEUR »

L'Exercice est un remède efficace pour épurer les lourdeurs de notre corps, faire tourner notre énergie et stimuler les endorphines, aussi appelées les « Hormones du Bonheur ».

*« **Les Endorphines** » sont des hormones sécrétées par le cerveau dès que nous faisons une activité sportive pour une durée supérieure à trente minutes.

Elles sont source de plaisir si elles sont libérées en grande quantité, car elles peuvent provoquer un état d'euphorie ou d'extase. C'est particulièrement ce que nous aimons de ces hormones naturelles, puisqu'elles sont euphorisantes dès que notre cerveau en produit.

« Les endorphines » ont plusieurs actions bénéfiques sur l'organisme. Elles réduisent notamment notre niveau de stress, stimulent des actions régénérantes, anti-fatigue, et procurent des sensations de relaxation et de mieux-être pour notre plus grand bonheur.

Ces endorphines nous donnent un sentiment de « Bonheur ». En fait, notre cerveau en sécrète lorsque nous faisons de l'activité physique, mais aussi, dès qu'il ressent le « Bonheur » ! Alors, imaginez que vous vous entraînez tout en étant heureux, votre bonheur sera décuplé puisque le « Bonheur crée le Bonheur » !

L'AUGMENTATION DE LA SÉROTONINE ET LA DÉPRESSION

Le rôle antidépresseur des *« **Endorphines** » est commun avec celui de la *« **Sérotonine** », une molécule nécessaire à notre joie de vivre !

> Il a été prouvé par la science que la « sérotonine » joue un rôle important dans nos « changements d'humeur » et qu'elle influence de façon importante les états émotionnels que nous vivons au quotidien. Un « déséquilibre de sérotonine » peut provoquer un « état anxieux ».

La pratique régulière de l'activité physique favorise l'augmentation de la sérotonine au cerveau et réduit les symptômes de dépression. Cette dernière s'accompagnant, entre autres, d'une baisse du niveau de sérotonine dans l'organisme.

Même si plusieurs causes cérébrales, dont certaines sont reliées à une dépression, comme les hormones, les neurotransmetteurs combinés à des facteurs sociaux, psychologiques et même génétiques, il a été dit que la pratique régulière d'un sport augmente la sécrétion naturelle de sérotonine, nous aide à régulariser les symptômes de la dépression ainsi qu'à retrouver notre bonne humeur !

ÉCOUTER SES LIMITES

Il semble parfois très difficile de se mettre à l'exercice physique, notamment si nous avons une accumulation et une très grosse quantité de « trop-pleins ». Comme avoir une grande déception momentanément, vivre une transition de vie importante, un changement de carrière, une séparation, un deuil ou sortir d'une maladie.

Il vaut mieux alors commencer par d'autres techniques de libération, toutes faites en douceur, comme nous l'avons vu dans les chapitres précédents. Un peu plus tard, une fois nos « trop-pleins » libérés par des moyens différents ou par l'exercice physique pratiqué en douceur, nous serons en mesure de revenir à une pratique physique plus intense pour vider régulièrement nos « trop-pleins ». L'important est de savoir s'écouter, car si on force trop les choses et qu'on pousse notre résistance alors que nous avons trop d'accumulation, on remplit notre réservoir de « trop-pleins » au lieu de le vider.

Puisqu'il y aura trop d'efforts à faire pour s'y rendre, on abandonnera aussitôt sans atteindre notre objectif. Mieux vaut, au départ, pratiquer des sports doux, sans trop d'effort. Le moment venu, nous serons, par la suite, en mesure de nous remettre à l'exercice physique et faire le sport de notre choix qui nous procure joie et mieux-être.

Lorsqu'il y a une trop grande accumulation, faire un effort et se discipliner pour s'entraîner devient aussi un « trop-plein » dont on doit se libérer. On peut donc commencer l'exercice par des activités plus douces comme la marche, le yoga, le taï-chi, le tao puis progresser à notre rythme sans s'obliger à performer ou à forcer les choses. Et comme par magie, nos « Hormones du Bonheur » seront aussi au rendez-vous ! Donc, graduellement, l'exercice physique régulier viendra sans effort avec joie et bonheur au cœur !

Quinze minutes d'exercice par jour

Saviez-vous que seulement quinze minutes d'exercice par jour peuvent prolonger la durée de vie d'une personne de trois ans, en moyenne ?

Faire quinze minutes d'exercice par jour, c'est peu de temps dans une journée de vingt-quatre heures ! Il faut simplement se décider à en faire et avoir la volonté de s'y mettre ! C'est souvent ça le plus difficile, bien plus que l'exercice lui-même.

Mais quand on se décide, on en ressent ensuite une grande satisfaction. Alors, trouvez l'exercice qui vous convient le mieux, le plus facile, celui qui ne vous demande pas trop d'effort pour vous y mettre et que vous aimez le plus. Et faites-le pendant quinze minutes ! Santé et longévité garanties !

Et si un jour, tout à coup, vous me voyez passer en courant devant chez vous, suivez-moi ! C'est beaucoup plus facile de le faire à deux, on s'encourage et notre motivation monte d'un cran ! LOL !

♥ 12 | La Nourriture ♥

La Nourriture et la culpabilité

Les « trop-pleins » viennent souvent de la **Nourriture,** car on se sent parfois « coupable » d'avoir mangé quelque chose qui nous réconforte et nous fait du bien. En vidant nos « trop-pleins » émotifs, on mange beaucoup moins nos émotions et on diminue le réservoir du « trop-plein » de culpabilité.

On fait donc d'une pierre deux coups !

Pour ce faire, on doit s'observer et prendre conscience que si l'on mange par émotion et culpabilité, et parfois à outrance, c'est parce que l'on compense quelque part.

On doit vérifier intérieurement : c'est le « trop-plein » de quoi que je mange comme ça ?…

De stress, d'anxiété, d'inquiétude, de tristesse, de colère, de peur, de dépendance affective, etc. ? C'est comme un cercle vicieux qui recommence continuellement : chaque fois que l'on mange nos émotions, on vit de la culpabilité.

Il y a donc les accumulations d'émotions de ce sentiment de culpabilité à évacuer en premier. En réglant les choses à la base, le reste se replace en éliminant les regrets vécus à répétition chaque fois qu'on « ose » se faire un petit plaisir heureux et réconfortant.

La culpabilité est porteuse de « manque » à bien des niveaux et malheureusement nous ronge de l'intérieur. On se doit de régler ce problème dans notre vie et d'équilibrer ces attitudes destructrices afin de pouvoir profiter des bonnes choses que la Vie a à nous offrir. Si on ne le fait pas, il nous est alors impossible de se laisser aller à savourer pleinement et librement notre propre vie.

La nourriture, en plus d'être essentielle au maintien de notre santé, nous procure des plaisirs simples de la vie. « Être épicurien », c'est aimer la vie agréable, c'est rechercher des plaisirs et des bonheurs que la Vie peut nous apporter. Il nous faut donc en profiter un petit peu !

Le truc c'est de le faire de façon équilibrée, ainsi nous serons comblés de bonheur !

♥ 13 | Le Silence ♥

LES CURES DE SILENCE

Faire des cures de **Silence,** par moments, ou s'octroyer de petits intervalles de silence dans notre journée est très bénéfique pour notre équilibre mental et émotionnel.

S'offrir une fois de temps en temps une cure de silence de dix jours dans un lieu de retraite, tel un Ashram ou un Centre spécialisé permet de toucher véritablement à une zone de douce quiétude qui se trouve en profondeur à l'intérieur de soi.

Une fois qu'on a goûté à cette zone unique de paix et contacté notre source intérieure, qui est une « manne céleste » de conseils et de directions divines, celle-ci nous rappelle inévitablement à elle de temps en temps. Ce qui devient par la suite une nécessité de vivre, que nous préconisons de plus en plus dans notre quotidien tellement cette sensation nous apporte un bien-être réconfortant.

ÉCOUTEZ LA « VOIX DU SILENCE »

La manière la plus facile pour écouter la « voix du silence » est par le contact avec la grandeur de la nature.

**Être en contemplation et observateur de la
« nature » permet la libération de beaucoup
de stress.**

Et celle-ci est capable de vider tous nos « trop-pleins » et de nous régénérer totalement lorsqu'on se connecte à sa grande puissance, qui est véritablement une source de conseils et de directives pour notre vie.

Il ne tient qu'à nous de décider d'aller faire un petit séjour en silence avec elle ! Ou encore de prendre quelques heures de notre temps pour aller faire une belle promenade dans la forêt.

À l'occasion, j'aime beaucoup aller à l'Ashram de yoga faire une bonne cure de silence de dix jours. Oui ! Dix jours en silence à faire le vide du mental, méditer, faire du yoga et ne plus parler. Il s'agit vraiment d'une expérience exceptionnelle à vivre. Notre esprit devient clair, limpide, et notre intuition décuplée, quelle sensation unique ! C'est un cadeau à s'offrir au moins une fois dans une vie.

Ce genre de cure de silence permet de mettre mon cerveau au neutre pour plusieurs jours, d'apaiser complètement mon esprit et de vivre un sentiment de paix intérieure peu descriptible. Lorsque je suis de retour à la maison, ça me prend parfois trois-quatre jours avant d'avoir vraiment envie de reparler, étant encore dans cet état de béatitude bienfaisant et salutaire…

Le seul hic, c'est l'inquiétude de mon mari qui se demande toujours si je n'ai pas perdu la voix pendant mon séjour ! LOL !

Mais lorsque tout revient à la normale, je peux vous dire que je rattrape le temps perdu… et que je raconte en détail tous les magnifiques moments et les rencontres passés en compagnie des *« **Grands Maîtres** » Yogis de l'Ashram.

♥ 14 | L'Ordre ♥

METTRE DE L'ORDRE DANS SES AFFAIRES

Mettre de l'**Ordre** dans ses affaires, dans sa vie de tous les jours, est d'une importance capitale puisque c'est par l'ordre que nous arrivons à la clarté d'esprit.

Plus nous faisons du « ménage » dans nos émotions, nos pensées, voire nos veilles croyances ou comportements désuets, plus

nous sommes en mesure de vivre une vie paisible, guidée de manière intuitive et centrée.

Faire du ménage dans sa vie et nettoyer les choses en profondeur demande du courage et fait souvent peur à bien du monde, car plusieurs d'entre nous redoutent le remue-ménage que ça occasionne. Souvent par peur d'être obligé de vivre de vieilles affaires émotionnelles qui remontent à la surface le temps d'un moment.

Brasser nos vieilles émotions non réglées n'est pas toujours facile à faire et peu plaisant, mais nous devons y faire face et prendre le temps de nous y appliquer, sinon la Vie s'en occupera pour nous… soyez-en certain !

Elle placera des circonstances qui nous obligeront à revivre certaines situations de vie désagréables afin qu'on puisse définitivement les régler, les nettoyer, les transformer au mieux.

METTRE DE L'ORDRE DANS NOS PENSÉES ET NOS ÉMOTIONS

Que ce soit de prendre le temps de régler une situation avec une personne de notre entourage, un membre de la famille, conjoint(e), ami (e), un collègue de travail, un patron, une connaissance ou d'avoir à régler une situation dans laquelle on est impliqué malgré nous, c'est la même chose. On doit mettre de l'ordre dans nos pensées, nos émotions, et agir de façon à se libérer du désordre intérieur, le « trop-plein », que la problématique occasionne.

Et surtout prendre les mesures nécessaires pour atteindre un sentiment d'équilibre émotionnel et de paix intérieure.

Si on ne règle rien, alors qu'on en ressent le besoin, parce que les circonstances sont trop difficiles à supporter, la situation s'envenimera de jour en jour jusqu'à exploser à un moment donné. Nos émotions grandiront jusqu'à atteindre des sentiments de haine, de ressentiment et de colère intense.

Ce qui n'est pas souhaitable, même si nous le vivons tous un jour ou l'autre de notre vie.

À travers les expériences de la vie, on finit par apprendre à régler les choses rapidement. À exprimer nos limites, à faire du ménage et à mettre de l'ordre dans notre vie dès que l'on ressent qu'une situation, un entretien, une discussion, ou différentes circonstances de vie importantes nous apportent des désagréments et nous fait « grimper dans les rideaux » !…

Non, mais ! Y'a pas juste les chats qui font ça ! LOL !

Mettre de l'ordre dans tout ça nécessite d'aller vérifier ce qu'on vit profondément émotionnellement dans cette situation : du **rejet**, de la **trahison**, de l'**abandon**, de l'**injustice**, ou de l'**humiliation**. Les caractéristiques principales reliées à des blessures intérieures qu'il nous faut guérir pour ne plus les revivre à répétition. Tous les problèmes d'ordre physique, émotionnel ou mental proviennent de ces cinq blessures importantes.

À cet effet, je recommande fortement la lecture du livre numéro 1 dans la francophonie mondiale et best-seller vendu à plus de 2 600 000 exemplaires à travers le monde : ***Les 5 Blessures qui empêchent d'ÊTRE soi-même**, écrit par mon amie et auteure à succès international, Lise Bourbeau. Les techniques qu'elle vous enseigne dans son livre vous permettront de bien identifier ces blessures ainsi que les outils nécessaires pour les guérir.

Mettre de l'ordre physiquement et faire du ménage

Étrangement, mettre de l'ordre intérieurement pour nous-même, tout en mettant de l'ordre physiquement dans notre vie, c'est-à-dire en faisant du ménage, nous aide à voir plus clair dans certaines situations.

Ce qui veut dire que mettre de l'ordre dans nos maisons, notre bureau, nos papiers, nos garde-robes, nos remises, nos voitures, le terrain, etc. nous procure un état d'esprit fonctionnel et adéquat pour aller de l'avant.

Cela signifie que finalement, mettre de l'ordre, nous encourage à lâcher prise sur nos possessions, facilite un détachement nécessaire face à ce qui n'est plus utile et du même coup libère tous les « trop-pleins » de notre vie. OUI !!!!!!! Faire du ménage, de quelque ordre qu'il soit, nous aide à régler toutes sortes de situations qui se présentent à nous et surtout à voir clair dans ce qu'on doit faire pour la suite des choses !

L'ORDRE et la PROPRETÉ = la CLARTÉ D'ESPRIT !
L'ORDRE « INTÉRIEUR et PHYSIQUE »
apporte l'ORDRE DIVIN dans nos vies.

Alors tous à nos plumeaux !… Histoire de vivre dans la clarté d'esprit, en santé et heureux !

Chapitre 12

L'allégement mental, émotionnel et physique

♥ 1 | L'objectif est d'arriver à évacuer tous nos « trop-pleins » ♥

Nous sommes ici sur Terre pour alléger notre corps de matière, même si nous vivons dans un corps terrestre, nous devons l'alléger de ses souffrances, ses résistances, ses peurs, ses stress.

On en a déjà beaucoup parlé, mais il s'avère essentiel de développer des outils et techniques pour apprendre à se libérer de tout ce qui alourdit notre corps, notre âme, notre esprit.

C'est la raison pour laquelle, prendre le temps de « s'alléger chaque jour » devient notre premier défi à tous.

♥ 2 | L'allégement nous guide vers la « Connexion du Cœur » ♥

L'allégement nous guide inévitablement vers nos besoins essentiels et directement à la « Connexion du Cœur » pour que nous soyons en contact avec notre intuition le plus souvent possible. Donc, plus nous prendrons du temps chaque jour, sur le plan terrestre, pour « s'alléger » des tracas, inquiétudes, angoisses, peurs, etc., plus nous serons en contact avec la Lumière qui brille dans notre Cœur. Et qui s'avère être le guide le plus fidèle de notre vie !

C'est aussi dans ce lieu que nous pouvons ressentir le plus grand réconfort de notre vie.

C'est à partir de là que nous nous sentons aimé de la Vie, supporté par la Vie, confiant envers la Vie, puisque celle-ci nous aime telle une « mère qui porte son enfant ». Et si nous nous donnons le temps nécessaire pour nous alléger chaque jour, nous pourrons « ÊTRE » ainsi en contact avec cette grande puissance de la Vie et nous laisser guider par elle en toute quiétude.

Mais lorsque le tourbillon des émotions est présent, que la force de la peur s'active et que la détresse prend le dessus, nous nous sentons souvent impuissants, envahis par toutes ces émotions et incapables de nous connecter à la puissance du Cœur. Ça nous empêche même de ressentir la force de la Vie.

Le truc pour y arriver est d'entrer à pieds joints dans ces sentiments, de les accepter, de vivre le chagrin, la déception et la tristesse qu'ils apportent. Ce n'est qu'une fois qu'on les a « acceptés », « accueillis » et « épurés » qu'on peut arriver à la « Connexion du Cœur ».

Et plus nous entrerons dans cette « Lumière du Cœur », plus nous voudrons y revenir parce que c'est là où nous apprenons à « ÊTRE » bien, en paix et en congruence avec les besoins de notre âme.

L'objectif est d'arriver à évacuer tous les « trop-pleins » de notre vie.

C'est-à-dire pratiquer :

▶ « l'allégement mental », par la méditation ;

▶ « l'allégement émotionnel », par l'expression des émotions, en acceptant de les ressentir ;

▶ et « d'alléger notre corps physique » des stress de la vie quotidienne, par l'entraînement, l'exercice physique ou toute autre forme de technique faite en douceur tel le yoga, etc.

Donc, si par votre « allégement » vous commencez à entendre « la voix du silence » c'est parce que vous êtes sur la bonne voie. Continuez… Et si un jour, vous êtes à tous points de vue allégé, de plus en plus allégé… voire léger comme une plume !… Et que là, tout à coup, vous voyez des Anges… c'est sûrement parce que vous êtes en train de léviter ! LOL !

Ce qui veut dire maintenant que votre chemin sur Terre est parfaitement accompli et que vous êtes peut-être rendu au Ciel, pour aider les autres à votre tour, vous aussi ! LOL !… Ou que vous êtes déjà un « Ange terrestre » généreux et dévoué, comme on en voit beaucoup en ce moment ! Trêve de plaisanterie, ces moments de grâce que nous touchons avec la « Connexion du Cœur » sont ceux qui nous permettent d'avancer dans la vie, de nous réaliser, de créer de belles relations, de nous épanouir, d'attirer à nous tout ce que nous désirons et de véritablement « ÊTRE » heureux.

♥ 3 | La « Connexion du Cœur » et la Loi de l'Attraction ♥

C'est à partir de là que la Loi de l'Attraction s'active réellement. Donc plus nous contactons cette zone de mieux-être, plus nous rayonnons l'essence même de notre Cœur et de notre âme. Ce qui attire automatiquement ce que nous désirons intérieurement, c'est-à-dire « ÊTRE » en synergie avec la vraie réalité de notre Cœur. Nous appliquer chaque jour pour nous connecter à l'essence de notre Cœur fait grandir la brillance de notre « ÊTRE », la grandeur de l'amour que nous portons en nous.

Cette connexion nous permet par la suite de réaliser l'amour inconditionnel afin que celui-ci se manifeste sans aucun effort.

Puis nous prenons conscience que les jugements, doutes, déceptions et soucis que nous avions, s'atténuent au fil du temps.

Et comme déjà mentionné, c'est là que la phrase célèbre prend tout son sens : « **L'Univers entier conspire à notre bonheur et met tout en place afin que nous soyons heureux, en tout temps !** »

C'est simple, on doit être capable de se connecter à cette zone qui nous apporte tellement de guidances, de ressources infinies, de connaissances et de joies immenses dans la vie.

Car c'est là que se retrouve le vrai « Paradis sur Terre », dans cette zone de la « Connexion du Cœur », à l'intérieur de soi, même si nous traversons une zone de turbulences et de grandes transitions dans notre vie.

Rappelez-vous la réponse de la VIE au chapitre 4 :

Et quand on arrive à y toucher régulièrement, c'est comme des retrouvailles à chaque fois, on a envie d'y revenir le plus souvent possible ! Alors, on développe ensuite toutes sortes de moyens pour établir dans notre vie la « Connexion du Cœur », afin de bénéficier des forces positives de la Vie. « MERCI LA VIE ! » pour la grandeur de ton Amour ! Je peux désormais affirmer que cette « **transition de vie** », ce « **passage obligé** » que la Vie m'a imposé, a eu pour résultat un CADEAU formidable pour moi, c'est-à-dire l'accomplissement de ce livre rempli de douceur du Cœur et d'outils extraordinaires pour vivre une Vie meilleure.

Malgré des périodes parfois difficiles, empreintes de moments pénibles et souffrants à traverser (comme je l'ai très souvent ressenti au cours du processus), il n'empêche pas moins que ce cheminement et toutes ces expériences de vie m'ont fait grandir à bien des niveaux…

Maintenant, je dois bien mesurer six pieds un pouce (6'-1" – 1,85 mètre). OUI ! Oui ! Je suis de plus en plus grande… (intérieurement !) Dis-moi pas que je vais enfin pouvoir atteindre le haut des armoires !!? LOL !

♥ 4 | La « Connexion du Cœur » et les relations personnelles ♥

La « Connexion du Cœur » favorise grandement les liens harmonieux au sein de nos relations personnelles. Toutefois si vous ressentez, à l'occasion, qu'il y a des accrochages relationnels avec certaines personnes, ceci est une indication marquée vous informant d'un manque de chimie ou d'affinité au sein de cette relation. Ou c'est l'explication toute simple que la « Connexion du Cœur » ne s'établit pas, en raison de toutes ces barrières dont nous avons amplement parlé au cours des derniers chapitres.

Parfois, il peut s'agir d'une « Connexion du Cœur » à sens unique, c'est-à-dire que vous êtes dans votre Cœur, mais pas les autres et vice-versa. Ce principe s'applique aussi dans l'autre sens, c'est-à-dire que les autres sont dans leur Cœur, mais pas vous.

Alors, dans ces moments-là, il est grand temps de faire une introspection sérieuse pour revenir à la maison !

Si la relation s'avère compliquée, voire impossible, c'est donc la conclusion qu'il y a des blocages de part et d'autre dans celle-ci. Mais n'ayez crainte, car tôt ou tard, si vous restez véritablement connecté à votre Cœur, la vibration se rendra d'elle-même au Cœur de l'autre ou des autres.

C'est ça le pouvoir de l'Amour !

– « Les forces positives » sont toujours plus fortes que le négatif.

– « La Lumière » a toujours le dernier mot même face à l'ombre, au négatif ou aux blocages que nous vivons dans nos vies.

Oui ! « La Lumière et les forces positives » que représente « l'Amour » sont toujours plus fortes que l'ombre, les énergies négatives et les barrières de l'ego.

Il nous revient de choisir ce que nous voulons vraiment ! Nous devons donc persister et toujours revenir à cette « Connexion du Cœur ».

<u>**Exemple de la vie courante**</u> :

Lorsqu'il y a un différend entre deux personnes, au lieu de penser « Il m'a fait ceci, cela, il est comme ça, c'est à cause de lui, d'elle, etc. », pensez à tous les aspects négatifs que vous vivez dans cette relation, placez ensuite votre esprit sur la « Connexion du Cœur ». Et transformez la situation en ce que vous souhaitez véritablement vivre, en lien avec cette personne ou situation.

Prenez, dans la situation, ce qui ne vous convient pas et transformez-le en positif avec des phrases que vous souhaitez vraiment ressentir et vivre dans votre vie.

Et répétez vos phrases :

« J'aime être en harmonie avec _______________ »

« J'aime être respecté(e) de _______________ »

« J'aime être aimé(e) par _______________ »

« J'aime être entouré(e) de gens sympathiques, ouverts d'esprit et ayant une bonté du cœur », etc.

Essayez-le ! Vous verrez, ça fonctionne à tout coup !

Car « l'énergie du Cœur » se rend toujours à la personne concernée et/ou apporte des transformations merveilleuses dans différentes situations !

♥ 5 | La « Connexion du Cœur » et le retour aux sources ♥

« ÊTRE » dans la « Connexion du Cœur » c'est comme revenir au bercail, faire un retour à la maison, un retour aux sources, à l'essence de qui l'on est réellement. La « Connexion du Cœur » procure aussi une connexion avec sa propre vérité. Elle élimine de nos vies les illusions et fausses croyances qui, la plupart du temps, ne correspondent pas à ce que l'on veut ni à ce que l'on est véritablement.

Plus on « lâche prise » dans notre vie et plus nous « laissons aller » le contrôle que nous générons sur celle-ci, plus il nous est facile de faire la « Connexion du Cœur » en joignant notre tête et notre Cœur ! Chose certaine, plus nous sommes dans la « Connexion du Cœur » et plus nous croisons des gens qui sont eux aussi dans la « Connexion du Cœur ». Il en résulte donc des relations et discussions de Cœur à Cœur ! Sans confrontation, jugement, obstacle ou échange égotique.

La « Connexion du Cœur » est l'éveil intérieur que nous souhaitons tous vivre dans nos vies. Et la bonne nouvelle, c'est que nous pouvons le vivre de façon réelle et quotidienne si nous le souhaitons vraiment ! Cette réalité est accessible à qui le veut bien ! Il suffit de décider et de vouloir vivre sa vie en « Connexion avec son Cœur » !

Mes cher(e)s ami(e)s, c'est ce que je nous souhaite à tous. Imaginez les rencontres heureuses à venir entre nous tous, si nous vivons tous en harmonie et en « Connexion avec notre Cœur »… Ça va être la fête ! Cela pourrait même avoir une incidence heureuse sur la paix mondiale et entre les peuples de la Terre ! Donc à quand notre prochaine rencontre ?

Au plaisir de vous connaître, car « SURPRISE », si vous avez lu ce livre, c'est que vous « êtes déjà » dans la « **Connexion du Cœur** » ! Et vous êtes simplement intéressés à en savoir plus sur le sujet, trouver des trucs, tout comme moi, afin d'y rester le plus longtemps possible !

Comme la « Connexion du Cœur » active la Loi de l'Attraction, on ne sait pas quels plaisirs heureux la Vie nous réserve !… Et, comme déjà écrit plus haut :

Plus nous sommes dans la « Connexion du Cœur », plus nous avons la chance de croiser sur notre chemin des gens qui, eux aussi, vivent cette même « Connexion du Cœur » !

Alors, soyez certains que si je vous croise sur la rue, je serai capable de vous reconnaître !… Surtout si je vois dans vos yeux la brillance et le rayonnement lumineux de la « Connexion du Cœur » !

« Qui se ressemble s'assemble ! » Au plaisir de vous rencontrer ! Avec plein d'Amour du « Cœur » ! Paix et Bonheur !

Lexique

<u>**Grands Maîtres**</u> 32-40-51-87-172

Le titre honorifique de « **Grand Maître** » peut être employé dans plusieurs contextes :

– « **Grand Maître** » est le titre traditionnel généralement attribué au dirigeant d'un ordre ou d'une confrérie. Il est celui qui a reçu une initiation, qui a été instruit d'un secret par la sagesse des grands. (Définition dictionnaire Larousse 2000.)

– Un « **Grand Maître** » est un personnage auquel on attribue de nombreux pouvoirs humains et plusieurs connaissances dans le domaine spirituel.

– Le **MAÎTRE** fait preuve de sa maîtrise d'une discipline qu'il transmet par un enseignement pratique et théorique à des ÉLÈVES qui ont manifesté leur vif intérêt pour cette discipline et ce professeur en particulier.

« Le **MAÎTRE** apparaît quand l'ÉLÈVE est prêt »

L'appellation de « Grand Maître » est encore utilisée comme titre distinctif :

– Aux échecs, Grand Maître international (ou GMI) est le plus haut titre décerné par la Fédération internationale des échecs.

Référence site web : Le Wiktionnaire, Le Dictionnaire Libre

– Dans les Arts Martiaux japonais, l'expression « **Grand Maître** » (Söke) désigne l'enseignant responsable d'une lignée ou d'un style. Le titre « **Grand Maître** » ou « **Maître** » désigne un pratiquant très âgé ou expérimenté dans les arts martiaux.

Référence site web : Wikipédia, L'Encyclopédie Libre

Paix intérieure 48

Vous trouverez au chapitre XI, à la section 2 (Les bienfaits de la Respiration, Le Prâna Source de Vie !), des informations sur un exercice de respiration sur la « Paix intérieure » que vous pourrez pratiquer n'importe où, afin de ressentir le calme et la paix intérieure rapidement dans votre vie.

L'Ego nous fait des accroires 58

« Accroire » : « Faire accroire », faire croire ce qu'on sait ne pas être vrai, abuser de la crédulité de quelqu'un. S'en faire, s'en laisser accroire, se laisser abuser, tromper.

Référence site web : Larousse.fr (Dictionnaire)

Namasté 59

1) « **Namasté** » ou **namaskar** ou **namaskaram** est communément employé pour dire bonjour et au revoir en Inde. Cette salutation est largement utilisée en Inde ainsi qu'au Népal. « Namasté » signifie « salutation » et namaskar a une signification plus religieuse (littéralement « Je salue – ou je m'incline – devant votre forme »). L'expression est souvent traduite par « Je salue le divin qui est en vous », même si ce n'est pas une traduction littérale.

2) Selon la tradition, on l'exécute de trois manières différentes, mais toujours avec les paumes jointes :

A) En élevant les mains au-dessus de la tête, pour saluer Dieu ;

Salutation au Divin

B) En élevant les mains à la hauteur du visage et du front, on salue le guide spirituel ou Guru ;

Salutation au Guide spirituel

C) Et avec les mains jointes devant la poitrine, on salue nos semblables.

Salutation à nos semblables : « La forme la plus populaire du Namasté est la salutation d'égal à égal »

Pour ceux qui ne font pas de yoga, je dois préciser les choses. En fin de cours, il est courant pour les élèves et le professeur de s'adresser un mot : Namasté. Les gens font ce rituel de manière quasi systématique sans nécessairement savoir ce que ce mot signifie. Lorsque je demande aux élèves ce que veut dire « **Namasté** », s'ils ne le savent pas, je les informe : « C'est dire MERCI en sanskrit ».

« Merci » est un mot puissant, mais « Namasté » couvre un registre plus large, « celui de la reconnaissance de l'autre comme étant soi ».

Namasté, « C'est dire MERCI en sanskrit »

Définition de « Namasté » : Mon âme salue ton âme. En toi, je salue cet espace où réside l'Univers entier. En toi, je salue la lumière, l'amour, la beauté, la paix parce que ces choses se trouvent aussi en moi. Parce que nous partageons ces attributs, nous sommes reliés, nous sommes semblables, nous ne sommes qu'un. Ça fait vibrer, pas vrai ? Dorénavant, je sais que vous ne regarderez plus les autres élèves et votre professeur de yoga de la même manière quand vous adresserez le « Namasté ». Il se peut même que vous ressentiez un frisson de joie en plein cœur. Namasté !

Référence site web : Wikipédia, L'Encyclopédie Libre

3) Namasté : Mudra Anjali

Le Mudra Anjali (Namasté) est très utilisé dans les techniques de Yoga et de Tao. Ce sont les mains jointes en prière. Ce Mudra équilibre le corps tout entier et améliore le système immunitaire. Il centre la pensée et calme l'anxiété. C'est un symbole d'honneur et de bénédiction qu'on appelle aussi « NAMASTÉ ».

La main droite représente le Soleil, la main gauche, la Lune. En les rejoignant, vous permettez la liaison entre le monde spirituel et matériel. Joignez-les au niveau de votre poitrine, sur le chakra du cœur, afin de pleinement ressentir la paix et l'amour.

L'Atmanjali – Namasté

L'Atmanjali, le mudra de la prière, celui de la demande, mais aussi de la gratitude.

Référence site web : omalayatravel.com

« Aeracura » est la « Déesse de la Prospérité pour les urgences monétaires ». Déesse celte correspondant à Proserpine, associée au dieu de l'Au-Delà Sucellus ainsi qu'à Dis Pater, à Aquilea.

Déesse Aeracura

Elle nous est connue grâce à une statue trouvée en Suisse et des inscriptions à caractère magique retrouvées en Autriche, sur lesquelles elle est tantôt associée à Cerbère, tantôt à Ogmios.

« **Aeracura** », sur la statue retrouvée à son nom, apparaît comme une femme portant sur ses genoux un panier de pommes, ce qui représente la prospérité et l'abondance.

Cette représentation est à rapprocher de celle de la déesse germanique Nehalennia, même si elles sont d'origines géographiquement très différentes. « Aeracura » est réputée être une déesse de la Terre et de l'Au-Delà et était vénérée (d'après les inscriptions retrouvées) dans de très nombreux sites, épars, en Europe. « Aeracura » dans la mythologie romaine figure parmi les divinités novensides.

Référence site web : Encyclopaedia Pagana

Dieu/Guidance Divine 66-69

La notion de « **Dieu** » ou « **Guidance Divine** » fait référence ici au pouvoir absolu de la Source de toute Vie.

Certains l'appellent force de l'Univers, Source de Vie, Grandeur Suprême, Khrisna, Yhavé, Élohim, Allah, Seigneur Dieu, Jéhova, Jésus ou Bouddha.

Dans la conception traditionnelle des principales religions, « **Dieu** » est considéré comme le « **créateur et source de tout ce qui existe** » ; on lui attribue la perfection, l'infinitude, l'immuabilité, l'éternité, la bonté, l'omniscience, l'omnipotence et l'omniprésence.

La notion de « **Dieu** » est en lien direct avec la « **Toute-Puissance divine** » qui rayonne par la grandeur de son amour et d'abondance infinie, et qui se manifeste dans notre vie par des grâces et bénédictions de toutes sortes.

Nous pouvons lui donner le nom que nous souhaitons et avec lequel nous nous sentons bien, pourvu que celui-ci soit synonyme de « **Grandeur Suprême** ».

Référence site web : Onelittleangel.com

Fait de ne pas savoir quelque chose, de ne pas être au courant de quelque chose. Fait d'ignorer quelque chose. Défaut de connaissances ou manque d'expérience portant sur un domaine donné. Exemple : La personne avoue son ignorance sur ce point.

Insuffisance générale de l'instruction, du savoir intellectuel. Manque de connaissances, de culture générale.

Référence site web : Dictionnaire de français Larousse

Les anciens reconnaissaient l'idée que chaque être humain génère inconsciemment des énergies psychiques que l'on nomme « **Formes-Pensées** ».

Les écoles ésotériques du XIXe siècle donnèrent le nom de « **Formes-Pensées** » à ces énergies produites par la psyché.

▶ Une Forme-Pensée est la concrétisation d'une pensée émise, que l'on transmet ou dispose dans un emplacement spatio-temporel spécifique à sa « personnalité ».

▶ Les Formes-Pensées (FP) sont créées automatiquement par notre cerveau limbique ou émotionnel. Plus nous nourrissons une FP, plus elle attire à elle des événements qui vont la renforcer. Une FP est une force qui entre en action dès sa création.

▶ Une Forme-Pensée (FP) est un sentiment vécu qui va rester en mémoire ; une croyance vis-à-vis de soi-même. L'entité Forme-Pensée est toujours notre création, mais n'est pas NOUS.

▶ La création d'une Forme-Pensée se fait à la suite d'une émotion, d'un stress, d'un choc psychologique, l'énergie projetée à ce moment-là sera véhiculée par la pensée de celui qui l'émet, pour finalement prendre forme dans l'astral. Le pouvoir de nos pensées est immense, d'une puissance insoupçonnée.

▶ En fait, la FP va généralement se concrétiser dans l'aura mentale de la personne qui l'a émise. La FP est toujours créée sur le plan mental et cela explique qu'une forme de vie n'ayant pas ou peu développé son mental et les concepts qui l'accompagnent ne sera pas encombrée par les Formes-Pensées.

▶ Une FP est toujours négative, car formée par des pensées stagnantes et pénibles, des traumas à corriger. Les émotions qui permettent l'existence des Formes-Pensées de l'ego ont une action tout à fait concrète dans ce processus dans la mesure où une grande partie des FP a une racine dans le troisième chakra (plexus solaire) en rapport direct avec le plan émotionnel.

▶ **Le quatrième chakra (du Cœur) ne sera jamais à l'origine d'une FP, car il ne peut générer du négatif. Seulement de l'énergie positive.**

▶ Dans le cas de maladie, le rôle d'une Forme-Pensée est de nous rappeler qu'il y a quelque chose que nous n'avons pas compris, pas intégré… **Derrière la maladie, il y a toujours une Forme-Pensée.** C'est toujours la FP la plus proche du corps physique qui déclenche la maladie. Une maladie du corps physique vient toujours d'une FP qui prend son origine dans une mémoire. Cette mémoire peut dater de la vie actuelle ou d'une autre, antérieure.

▶ Quand une FP entre en action, cela génère une émotion très rapidement. Notre système immunitaire nous protège, mais va devenir déficient sous l'impact des émotions.

Une Forme-Pensée sera réactivée par :

– un mot,

– un acte,

– une situation.

Sans Forme-Pensée, il ne peut y avoir de :

– maladie,

– accident,

– difficulté familiale ou relationnelle déstabilisante

▶ Une FP n'est pas notre ennemie, elle est seulement là pour nous rappeler notre histoire. Une FP ne ment pas, on ne peut que la transformer, la transmuter, pour qu'elle passe à autre chose, après un travail sur Soi.

▶ Une FP peut aussi être collective : si celle-ci rejoint un noyau familial, un peuple, un groupe de personnes sur une grande échelle, dans ce cas, nous parlerons d'égrégore.

Jean-Paul Thouny – Thérapeute énergéticien, Voiron (Isère) France @2013

Références site web : energie-sante.net et lescheminsdelenergie.com.

Karmas 137

« **Karma** », ou karman en sanskrit, signifie « **acte** » ou encore « **action** », qui est l'action sous toutes ses formes, puis, dans un sens plus religieux, l'action rituelle. C'est aussi une notion désignant communément le cycle des causes et des conséquences liées à l'existence des êtres sensibles. Il est alors la somme de ce qu'un individu a fait, est en train de faire ou fera.

Principe fondamental reconnu par les trois grandes religions indiennes et reposant sur la conception de la vie humaine comme maillon d'une chaîne de vies (samsara), chaque vie particulière étant déterminée par les actions de la personne dans la vie précédente. Le « karma » est le reflet de nos actions antérieures qui se manifeste dans notre vie actuelle.

Principe de l'hindouisme qui veut dire que la vie des hommes dépend de leurs actes et vies passés.

Exemple : Je ne sais pas ce que j'ai fait dans mes vies antérieures pour mériter ma vie actuelle… Quel karma !

Référence site web : Wikipédia, L'Encyclopédie Libre

Chakras 137

« Chakra » dérivé du sanskrit qui signifie roue ou disque, prononciation phonétique : « chakra » en français.

Le terme est aujourd'hui plus connu pour désigner des « centres spirituels » ou points de jonction de canaux d'énergie issus d'une conception du Kundalini yoga et qui pourraient être localisés dans le corps humain.

Selon cette conception, il y aurait sept « chakras » principaux et des milliers de « **chakras** » secondaires.

— Les sept « **chakras** » principaux sont décrits comme formant une colonne lumineuse (colonne d'argent) partant de la base de la colonne vertébrale jusqu'à la base la tête.

— Chaque « **chakra** » est associé à une certaine couleur, un duo de divinités, un élément classique, des sons, un organe d'action, un organe sensoriel, des fonctions de la conscience, etc.

COULEUR	CHAKRA	EMPLACEMENT	ÉLÉMENT	DIVINITÉ ASSOCIÉE	SON	NOMBRE DE PÉTALES
VIOLET	7- SAHASRARA	FONTANELLE / CORONAL	VIBRATION	SHRI PARAMASHIVA		MILLE
BLEU FONCÉ INDIGO	6- AJNA	3E OEIL / CHIASMA OPTIQUE	ESPRIT	SHRI MAHAGANESHA	OM	DEUX
BLEU CLAIR CYAN	5- VISHUDDHA	GORGE	ÉTHER	SHRI KRISHNA	HAM	SEIZE
VERT & ROSE	4- ANAHATA	COEUR	AIR	SHRI DURGA	YAM	DOUZE
JAUNE	3- MANIPURA	NOMBRIL	FEU	SHRI VISHNU	RAM	DIX
ORANGE	2- SVADHISTHANA	SACRUM / HARA	EAU	SHRI BRAHMA	VAM	SIX
ROUGE	1- MULADHARA	PÉRINÉE	TERRE	SHRI GANESHA	LAM	QUATRE

Le tableau des 7 Chakras – Les Couleurs,
Sons, Éléments et Emplacements

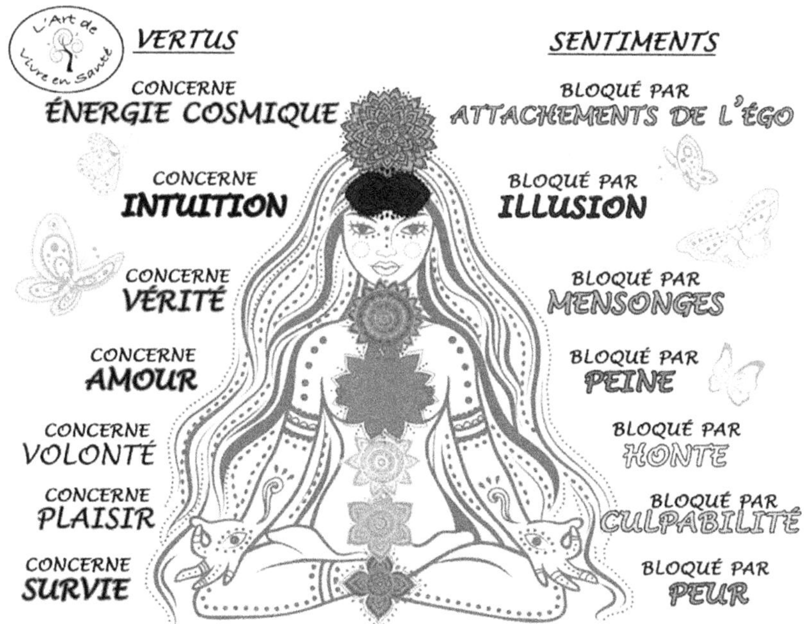

Les fonctions de la conscience des 7 chakras

Les « **Chakras** » auraient pour fonction la régulation de « l'énergie » entre les différentes parties du corps et entre le corps, la Terre et l'Univers. Soumis aux aléas de santé de l'individu, ils présenteraient des symptômes de rigidité ou d'affaissement, d'encombrement ou de perte de vitalité. Ils communiqueraient entre eux et seraient capables de se compenser mutuellement.

Réciproquement, une action « d'harmonisation énergétique » (de type acupuncture, même si celle-ci ne travaille pas directement sur les chakras) aurait des répercussions sur la santé de l'individu.

En **médecine chinoise** : chaque « **chakra** » correspond à un point précis des méridiens et à des actions sur les fonctions des divers organes lui correspondant. Ainsi :

▶ **Le premier chakra**, est le **Muladhara**, « **Chakra de la Racine** » se situe entre l'anus et le scrotum. Il est en lien avec le métabolisme, le système lymphatique et la vessie. Il est lié aux glandes surrénales.

▶ **Le deuxième chakra** est le **Hara**, « le **Centre de l'Énergie** ». Il est en lien avec les reins, l'appareil reproducteur, les intestins et le système immunitaire. Point maître du foyer inférieur, il régit l'activité des ovaires et des testicules (les gonades).

▶ **Le troisième chakra**, est le **Manipūra**, « le **Plexus Solaire** ». Il est relié au pancréas. Il a une action sur le foie, la vésicule biliaire ainsi que sur le système digestif (estomac). Point maître du foyer médian.

▶ **Le quatrième chakra** est l'**Anahata**, « **Chakra du Cœur** », est en lien avec le Cœur, le système circulatoire, les poumons et le thymus. Le lien avec le thymus est important pour le travail avec les enfants, car cette glande s'atrophie rapidement avec l'âge, il a pour fonction la production des lymphocytes au début de la vie. Point maître du foyer supérieur.

▶ **Le cinquième chakra** est le **Vishuddha**, « **Chakra de la Gorge** », il est le centre du système respiratoire, en lien avec le fonctionnement de la glande thyroïde. Il est important pour le fonctionnement du cou, de la voix et des mains.

▶ **Le sixième chakra** est l'**Ajna**, « le **Troisième œil** », situé sur le vaisseau gouverneur. Le vaisseau Gouverneur ou Du Mai est porteur de vingt-huit points. Son trajet principal prend son origine à partir du périnée (juste avant l'anus), monte le long de la colonne vertébrale pour atteindre la tête et se termine sur l'intérieur de la lèvre supérieure. Il est en lien avec l'hypophyse et soutient la fonction des yeux et du système nerveux, il est le siège de l'intuition.

▶ **Le septième chakra** est le **Sahasrāra**, « **Chakra Coronal ou du Ciel** ». Il est en lien avec la glande pinéale (épiphyse). Son action porte sur l'activité du cortex cérébral, il a une action importante sur la circulation de l'énergie dans le corps et sur les activités intellectuelles, la concentration et la mémoire. Il harmonise l'énergie yang du corps. L'ouverture du sahasrāra-chakra, signifiant « chakra aux mille pétales », correspondant à l'aboutissement du déploiement de la kundalinī, équivaut à l'éveil spirituel.

Référence site web : Wikipédia, L'Encyclopédie Libre

Les sept chakras dans le corps humain

Le Dr Hervé Robert, dans son remarquable livre *Ionisation Santé-Vitalité : Les bienfaits des ions négatifs* paru en 2008, a répertorié un grand nombre de résultats positifs sur la santé : amélioration de notre tonus, baisse de la fatigue, amélioration de notre humeur, diminution des infections et impacts sur nos fonctions cardiovasculaires et respiratoires. Néanmoins, peu d'études ont été réalisées en France où, depuis longtemps, la médecine curative l'emporte sur la médecine préventive.

Le biophysicien russe, Alexander Chizhevsky, est le premier à avoir étudié le phénomène des « **ions négatifs** ».

Il a pratiqué plusieurs expériences, d'abord sur les animaux. En les privant d'air frais, grâce à un filtre de laine dense, il a découvert que les souris devenaient léthargiques après quelques jours de ce traitement, comme si elles avaient une avitaminose. Il a mesuré le taux d'électricité présent dans la cage et constaté qu'il ne restait plus d'ions négatifs. Il a alors envoyé une charge d'ions négatifs et les animaux se sont sentis beaucoup mieux.

Il a soigné des patients, dans les hôpitaux russes, à l'aide de la thérapie ionique, arrivant à la conclusion qu'en respirant des « **ions négatifs** », on renforce l'immunité, provoquant non seulement un bien-être général, mais démontrant aussi que cela permettait de prolonger la jeunesse, puisque l'air ionisé a un effet antioxydant puissant.

Selon **les médecins**, la concentration des ions chargés négativement **ne doit pas être inférieure à 600 ions/cm³ dans l'espace aérien**. Il est à noter que nous devrions vivre **dans un air avec 1 500 à 2 000 ions négatifs/cm³**.

Pourtant, les appartements ou les bureaux citadins dépassent rarement 100-200 ions/cm³.

L'air qui pénètre dans une chambre à travers la ventilation perd également des ions, particulièrement ceux qui ont une charge négative.

Les climatiseurs aussi déforment l'état électrique de l'air en le filtrant à travers du coton, une gaze, des filtres à huile et autres filtres, il prive l'air de tous ses ions ! Un manque d'ionisation entraîne l'hypoxie, une perte d'attention, de la fatigue et l'affaiblissement du système immunitaire. Nous passons jusqu'à 90 % du temps à l'intérieur.

Pourtant, nous sommes en mesure d'obtenir la quantité nécessaire d'ions négatifs afin de ne plus être paresseux et, pour être en santé, il suffit de sortir plus souvent ! Aller se promener dans les bois ou même dans un parc est une solution efficace pour respirer des ions négatifs.

Référence site web : The Epoch Times

QUELS SONT LES EFFETS PROUVÉS SUR LA SANTÉ DES « IONS NÉGATIFS » ?

Des études scientifiques ont montré que des atmosphères chargées d'ions négatifs soulagent du rhume des foins et des symptômes de l'asthme, diminuent la dépression saisonnière, la fatigue et les maux de tête. Il a également été démontré que les atmosphères chargées négativement améliorent les performances de mouvements volontaires, augmentent la capacité au travail, affinent le fonctionnement mental et réduisent les taux d'erreur.

Référence site web : SensOriginal.com. Info sur le bien-être en général

AUTRES EFFETS POSITIFS DES « IONS NÉGATIFS » SUR LA SANTÉ :

▶ **Asthme, allergies et autres problèmes respiratoires** : De nombreuses études scientifiques ont été menées au cours des dernières années (principalement en Europe et en Russie) montrant comment l'exposition à des niveaux élevés d'ions négatifs réduit de façon drastique et significative l'asthme et les allergies, les symptômes ainsi que les maladies respiratoires liées à la pollution.

▶ **Migraines** : L'inhalation d'ions négatifs réglemente la production de la sérotonine à l'intérieur du cerveau. La surproduction de sérotonine dans ce dernier est la cause de migraines.

▶ **Dépression** : Une étude à l'Université Columbia a suggéré que le traitement par des ions négatifs est plus efficace que les médicaments antidépresseurs comme le Prozac et le Zolof, et qu'il n'y a pas d'effets secondaires.

▶ **Fatigue** : La surproduction de sérotonine (substance chimique produite dans le cerveau) est également cause de fatigue, et les ions négatifs régulent la production de sérotonine dans le cerveau.

▶ **Sommeil** : Une étude en France a constaté que les ioniseurs négatifs aident les personnes à mieux dormir, en régulant la production de la sérotonine dans le cerveau.

▶ **Performance mentale et concentration** : Plusieurs tests ont montré que les personnes exposées au traitement d'ions négatifs ont de bien meilleurs résultats dans les activités de réflexion mentale que ceux qui ne le sont pas.

▶ **Performances sportives** : Grâce aux résultats des tests effectués par des chercheurs russes à propos de l'ionisation négative, des ioniseurs sont toujours installés dans les vestiaires et les aires de repos des athlètes russes.

▶ **Les « Grands brûlés »** : Des études réalisées dans un hôpital ont révélé que les patients brûlés mis dans cette atmosphère ont beaucoup plus de chances de se rétablir rapidement et complètement.

Référence site web : SensOriginal.com. Info sur le bien-être en général

Corps énergétiques...153

Voir aussi définition Lexique : *« **Corps Subtils** »

Qu'est-ce qu'un Corps énergétique ?

Le terme est généraliste et souvent utilisé au pluriel en thérapie énergétique pour désigner, dans l'aura humaine, l'une ou l'autre des différentes structures vibratoires que l'on peut différencier sur l'homme et qui ont chacune un rôle précis. D'autres expressions sont utilisées pour désigner le « Corps énergétique » : **Corps astral, Corps mental, Corps causal, Corps subtils, Enveloppes auriques, Enveloppe-écho, Corps de lumière** ou bien encore **Corps éthérique**…

Référence site web : Aura-couleurs.fr

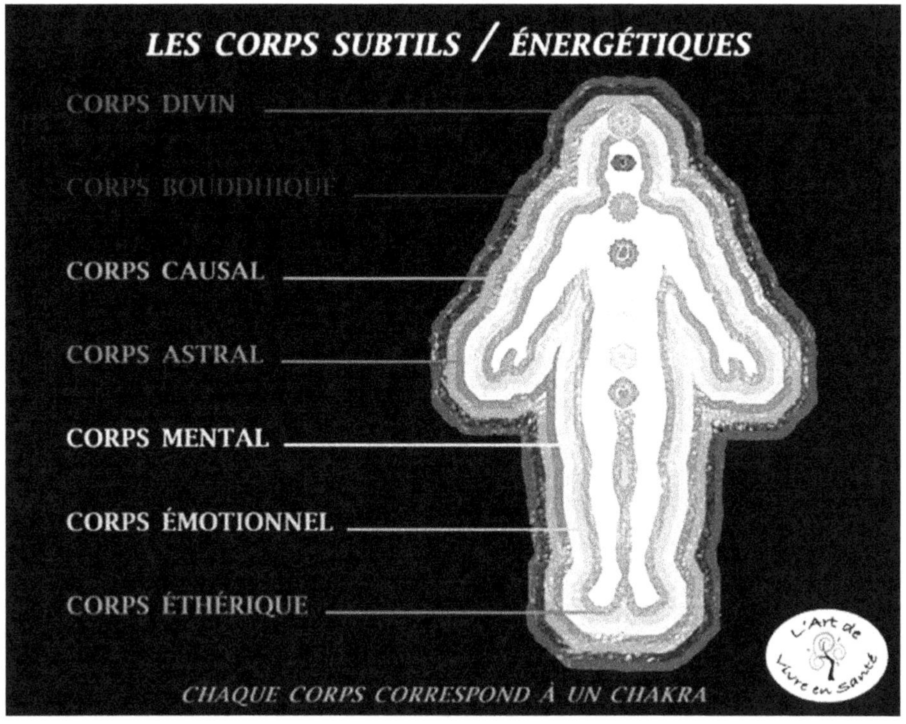

Corps aurique 153

*Voir la définition de « **Aura** ».*

Corps émotionnel 153

C'est notre seconde enveloppe énergétique. Il est associé aux sentiments et aux émotions que nous éprouvons. **Le « corps émotionnel » est le lien entre le corps physique, le corps mental et le corps spirituel.** Il intègre toutes les émotions qui vous appartiennent dans cette vie et aussi tous les chocs émotionnels qui n'ont pas été nettoyés dans de multiples vies antérieures. Donc **vous venez sur ce monde avec une charge très importante.** Maintenant, cette charge doit être complètement annihilée. **C'est la clé de notre évolution.**

Le « corps émotionnel » porte plusieurs noms, il est également appelé, corps des désirs, corps de la sensibilité ou corps kamasique (terme sanscrit signifiant désir). Il forme en lui-même une unité complète, différenciée des corps physique et mental. Il a son existence, ses attributs et ses rythmes propres.

Le « **corps émotionnel** » est un agrégat de forces pénétrant dans la conscience sous forme de désirs, impulsions, grandes envies, souhaits, déterminations, mobiles, et projections. Le « **corps émotionnel** » nous permet d'entrer en contact avec le sixième plan, le plan émotionnel, constitué :

– des émotions

– de l'affectif

– des désirs

– de l'imaginaire

L'étude du corps émotif de l'être humain sera facilitée si l'on considère ses diverses expressions ordinaires, car c'est en observant les effets et en cherchant à les maîtriser que l'homme arrive à la connaissance de soi et qu'il devient un Maître.

Les manifestations les plus communes de l'activité astrale sont :

I. La Peur.

II. La Dépression ou son contraire, l'euphorie.

III. Le Désir de satisfaire les appétits physiques.

IV. Le Désir de bonheur.

V. Le Désir de libération, l'aspiration.

Référence site Web : Psycho-astrologie initiatique

1) « L'Aura » est un concept ésotérique qui désigne un contour coloré, comme un « halo de lumière » qui rayonnerait autour du corps ou de la

tête d'un être vivant et qui serait la manifestation d'un ou plusieurs
« champs d'énergie » ou d'une force vitale.

2) « L'Aura » humaine est à la fois un champ énergétique et le reflet des
énergies vitales du corps. Ces énergies font de nous ce que nous sommes
et, à leur tour, elles sont affectées par notre environnement et notre style
de vie. L'Aura reflète notre santé, notre caractère, notre activité mentale et
notre état émotionnel. Elle montre aussi la maladie souvent bien
longtemps avant le début de symptômes.

« L'Aura » est une enveloppe énergétique de couleurs variées et de
forme ovoïde qui entoure le corps de tout organisme vivant. Chez
l'homme, l'Aura est constituée de plusieurs couches où circule l'énergie
vitale. Chaque couche interagit avec le corps physique à travers les
chakras. On compte sept corps énergétiques principaux qui émettent des
vibrations énergétiques distinctes. Ils enveloppent le corps physique de
couches successives à l'instar de poupées russes, devenant ainsi un champ
énergétique de plus en plus vaste.

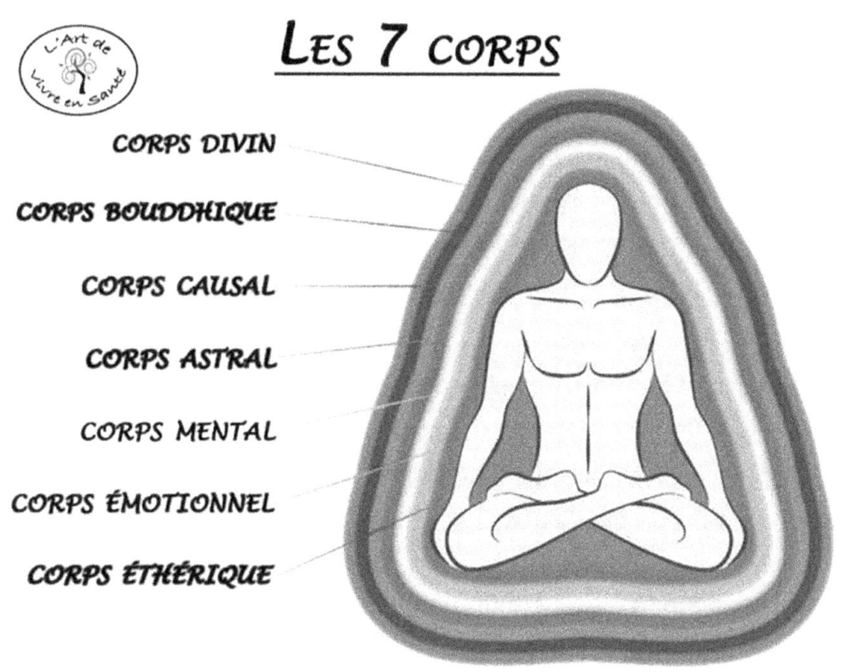

3) Les trois premières couches représentent l'énergie du corps physique ; la quatrième, le corps astral ; les trois couches supérieures, les vibrations énergétiques du corps spirituel.

4) **Les 7 différentes couches de l'Aura :**

– **Le corps Éthérique** (Physique) : Il est le reflet exact du corps physique sur le plan subtil. Ce corps est chargé de notre énergie vitale, celle qui se densifie pour former la matière…

– **Le corps Émotionnel** : C'est notre seconde enveloppe énergétique. Il est associé aux sentiments et aux émotions que nous éprouvons.

– **Le corps Mental** : C'est le siège de la pensée, de l'imagination, du raisonnement, de l'inné et de l'acquis. Il est la transition entre le plan de matière et ceux de l'esprit.

– **Le corps Astral** : Il est comme un « double » échappant à la « pesanteur terrestre », pouvant adopter n'importe quelle forme et traverser toute structure solide.

– **Le corps Causal** : Il porte l'empreinte de toutes les causes et les effets des événements de notre vie (de toutes nos vies…). C'est à ce niveau qu'intervient la notion du Karma.

– **Le corps Spirituel** (Bouddhique) : C'est la conscience d'être unifié, en lien avec tout ce qui existe. Quand nous parvenons à ce point d'existence, nous sentons que nous sommes connectés à tout l'Univers. Nous voyons la lumière et l'amour dans tout ce qui existe.

– **Le corps Divin** : Sur ce plan, nous atteignons la conscience que nous sommes UN dans le TOUT et TOUT dans l'UN…

5) **L'Aura et la vitalité** : La composition de l'Aura varie d'un individu à l'autre.

Une personne en bonne santé a une Aura plus développée qu'une personne en fin de vie. Lorsque l'Aura est affaiblie, elle est incapable de conserver toute son énergie.

Il est possible de fortifier une Aura faible par la pensée positive, la méditation, la chromathérapie…

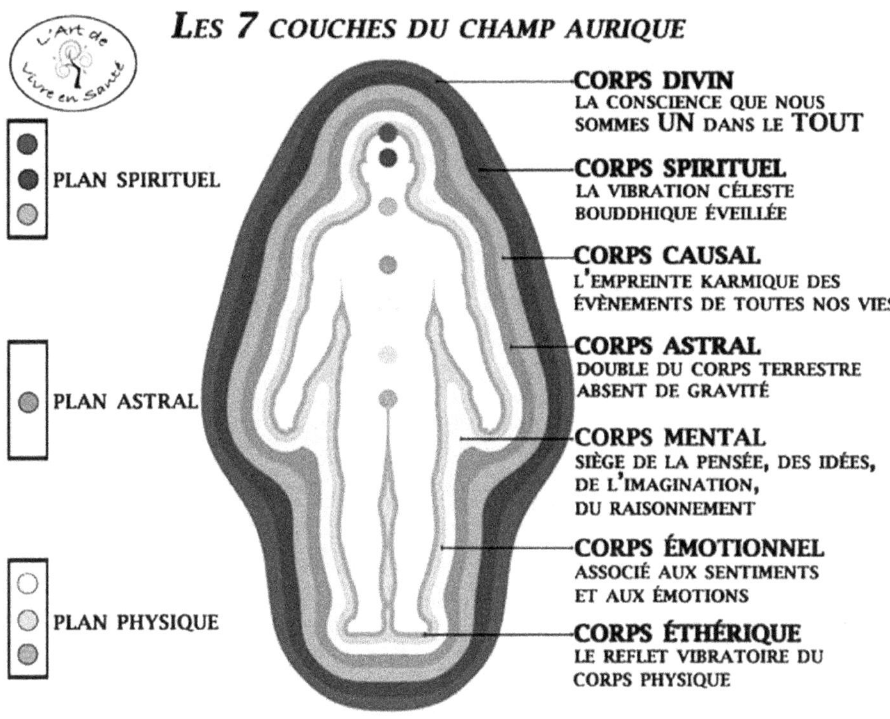

6) **Les couleurs de l'Aura** : Les couleurs de l'Aura ne sont pas constantes, elles varient selon notre état de santé, notre humeur, et également, suivant notre élévation spirituelle. Il ne faut donc pas s'étonner des variations de goût en matière de couleurs que ce soit pour votre décoration intérieure et surtout pour votre habillement. Le mental et l'Aura sont étroitement liés.

Retenons que même si l'Aura comporte plusieurs couleurs qui se confondent et se mélangent, il y a cependant une couleur dominante.

– **Rouge** : Dans l'aura éthérique, le rouge a la plus basse vibration visible. Sa nature est double : dans sa forme positive, lorsqu'il est clair et brillant, il représente l'énergie, la chaleur et la vitalité. Ses aspects négatifs vont de la révolte à l'esprit querelleur, la colère, la malice, l'esprit de destruction et la haine. Très sombre, le rouge indique l'égoïsme et le manque de noblesse. Un rouge profond est généralement le signe de la passion. Lorsqu'il devient boueux, la passion devient malsaine et pernicieuse.

Le rouge teinté de brun indique la peur et, lorsque le brun s'assombrit et devient noir, la méchanceté. Avec un reflet jaune, le rouge montre les désirs et les émotions incontrôlées. Un rouge léger indique un tempérament nerveux et, plus clair et plus brillant, il exprime la vitalité, la générosité et la santé matérielle. Des reflets rosés démontrent l'affection filiale et l'amour du foyer, alors que le rouge qui tourne au rose exprime le bonheur et la tendresse.

DÉFINITION DES COULEURS DE L'AURA

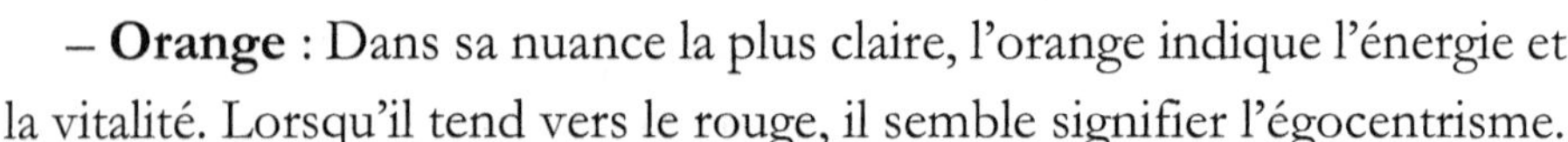

ROUGE	<u>Brillant</u>: Énergie, vitalité, détermination, volonté, dynamisme, positivité, générosité, santé matérielle <u>Sombre</u>: Peur, colère, malice, haine, orgueil, rigidité, égoïsme, arrogance, amour du pouvoir
ORANGE	<u>Brillant</u>: Courage, joie de vivre, créativité artistique, sympathie, spontanéité, rapidité intellectuelle, audace, confiance <u>Sombre</u>: Méfiance, instabilité, lâcheté, égocentrisme, inquiétude, impulsivité, extravagance, mélancolie
JAUNE	<u>Brillant</u>: Élévation de l'intellect, intelligence créative, optimisme, sincérité, esprit clair, souplesse d'adaptation, résilience <u>Sombre</u>: Ruse, avidité, égoïsme, esprit tortueux, orgueil intellectuel, nervosité, absence de caractère
VERT	<u>Brillant</u>: Couleur du Cœur, amour inconditionnel, bonté, équilibre, guérison, harmonie, souplesse, logique, persévérance, justice <u>Sombre</u>: Tromperie, jalousie, préjugés, étroitesse d'esprit, rancune, manque de sympathie, matérialisme
BLEU CYAN TURQUOISE	<u>Brillant</u>: Intuition, inspiration, foi, patience, compréhension, talent de communication <u>Sombre</u>: Perversion, indifférence, froideur, apitoiement, hypersensibilité, spiritualité négative
BLEU INDIGO	<u>Brillant</u>: Compassion, calme, sérénité, dignité, force, rigueur, discipline, persévérance, organisation, souci du détail, recherche de vérités authentiques, dévouement, sagesse, tranquillité, clairvoyance, télépathie <u>Sombre</u>: Peur de l'avenir, peur de regarder la vérité en face, peur de dire la vérité, pessimisme, orgueil, intellectualisation
VIOLET	Idéaux spirituels, évolution spirituelle, altruisme, pureté, paix
ROSE	Raffinement, modestie, amitié, dévotion, solitude, volonté de vivre, spontanéité, état sentimental, tendresse, affection
NOIR	Malveillance, haine, discorde, destruction, côté obscur, pensées malsaines, mauvaises actions, violence
BLANC	Très rare; perfection spirituelle, atteinte de l'illumination, conscience Christique
DORÉ	Haute spiritualité, pleine conscience, perfection Divine, canalisation, très grande intuition

– **Orange** : Dans sa nuance la plus claire, l'orange indique l'énergie et la vitalité. Lorsqu'il tend vers le rouge, il semble signifier l'égocentrisme.

– **Jaune** : Le jaune est la couleur de l'intellect. Terne, il indique l'intellect de nature mondaine. Plus brillant, s'approchant de l'or, il indique une élévation de l'intellect qui est alors purifié par l'esprit. Un jaune sale ou boueux indique la ruse, l'avidité et l'égoïsme.

– **Vert** : Le vert est la couleur de l'équilibre, la couleur du Cœur. Le vert émeraude, clair et brillant, est la couleur de la guérison.

Une grande quantité de vert émeraude dans l'aura d'un individu indique son intérêt ou son engagement dans l'art de la guérison. Le vert est la couleur centrale du spectre lumineux, à mi-chemin entre les extrêmes, le rouge et le violet. Aussi indique-t-il par sa présence dans l'aura d'une personne, l'équilibre, l'harmonie et la souplesse. Clair, il indique l'harmonie, la paix et une affinité avec la nature et le grand air. Dans sa forme négative, il indique un profond égoïsme. Lorsqu'il est sale et boueux, il exprime la tromperie et l'avidité. Lorsqu'il devient brunâtre, il indique la jalousie.

– **Bleu** : La couleur bleue a toujours été associée aux sentiments religieux et à la compréhension intuitive. De même que le vert est associé à la guérison et au Cœur, dans sa forme la plus élevée, le bleu est lié au troisième œil, à l'inspiration et au niveau supérieur de l'intellect. Il est une des premières couleurs que voit le guérisseur spirituel. Lorsqu'il devient plus profond et tourne à l'indigo, il signifie un caractère dévot et un esprit profondément religieux. Dans son aspect négatif, mêlé de brun ou de noir, il marque une perversion des sentiments religieux, une fascination pour le côté sombre de la spiritualité.

– **Indigo** : Cette couleur correspond à une spiritualité élevée et à une recherche assidue des vérités authentiques. Elle peut être signe de changement. L'indigo est la couleur de la compassion, du calme et de la sérénité.

– **Violet** : Le violet, combinaison du rouge et du bleu, indique un pouvoir et des idéaux spirituels encore plus élevés. Ceux qui ont du violet dans leur aura sont les plus avancés dans leur évolution spirituelle. C'est la couleur de la royauté et elle indique la noblesse de caractère. Dans l'aura, le violet est un agent d'isolation et de purification. On ne le trouve pas couramment. Il vient des royaumes supérieurs et on le voit seulement chez les Maîtres spirituels et chez les adeptes. Lorsqu'il se nuance en mauve lavande, il dénote une haute spiritualité ainsi qu'une bonne vitalité. Lorsqu'il se rapproche du lilas, il exprime un caractère altruiste et compatissant. Le violet apparaît d'abord au-dessus de la tête, dans une forme ovoïde qui entoure le chakra de la couronne.

Lorsque l'adepte évolue, il rayonne à partir de là en remplissant l'aura tout entière de sa lumière.

– **Rose** : Cette couleur est associée au raffinement, à la modestie, à la solitude délibérément choisie. Couleur du corps émotionnel, des attitudes de dévotion, de l'amitié et de l'amour physique, le rose agit sur le système nerveux, revitalise le corps éthérique par le truchement du corps émotionnel. Il accroît la volonté de vivre.

– **Noir** : Le noir indique la malveillance et la haine. Il est associé aux mauvaises actions, à la discorde, aux pensées malsaines, c'est la plus mauvaise des couleurs dans une aura.

– **Blanc** : Le blanc est la synthèse de toutes les couleurs. Il indique une intégration complète et la capacité d'union. C'est la couleur de la conscience christique, la couleur du « JE SUIS ». C'est la couleur de la perfection spirituelle et on ne la trouve que chez ceux qui ont accompli l'union et atteint l'illumination.

Référence site web : Wikipédia, L'Encyclopédie Libre

Référence site web : Choix-réalité.org

7) **Les champs d'action de l'Aura** : La sympathie envers une autre personne vient du fait que les couleurs de votre Aura et de la sienne sont en harmonie. En amour, lorsqu'on parle du coup de foudre, il s'agit d'un phénomène de vibrations auriques. L'antipathie ou l'aversion envers une personne sont dues à une trop grande différence de vibrations et de couleurs.

<u>Corps subtils</u>..158

*Voir aussi définition Lexique : *« Corps énergétiques »*

L'ésotérisme occidental et certaines traditions religieuses orientales évoquent l'existence de « **corps subtils** » ou « **corps psychiques** », « **enveloppes suprasensibles** » non perceptibles par les organes sensoriels humains. Certaines personnes dotées de capacités de perceptions extrasensorielles disent « voir » ces corps subtils et décrypter les informations qu'ils contiennent. Il existerait un certain nombre de « **corps subtils** » : corps éthérique, corps astral, corps causal, enveloppes-écho, etc.

Certains corps subtils seraient également le siège de « centres subtils » comme les chakras, le centre Hara, la Kundalini et parcourus par des courants d'« énergie » correspondant à leur nature, comme les nâdîs du yoga ou les méridiens en acupuncture. La médecine traditionnelle chinoise, et particulièrement l'acupuncture, est fondée sur l'hypothèse de leur existence.

Le parapsychologue Rupert Sheldrake postule l'existence de champs morphiques ou morphogéniques qui se rapprochent de la définition des corps subtils.

Référence site web : Wikipédia, L'Encyclopédie Libre

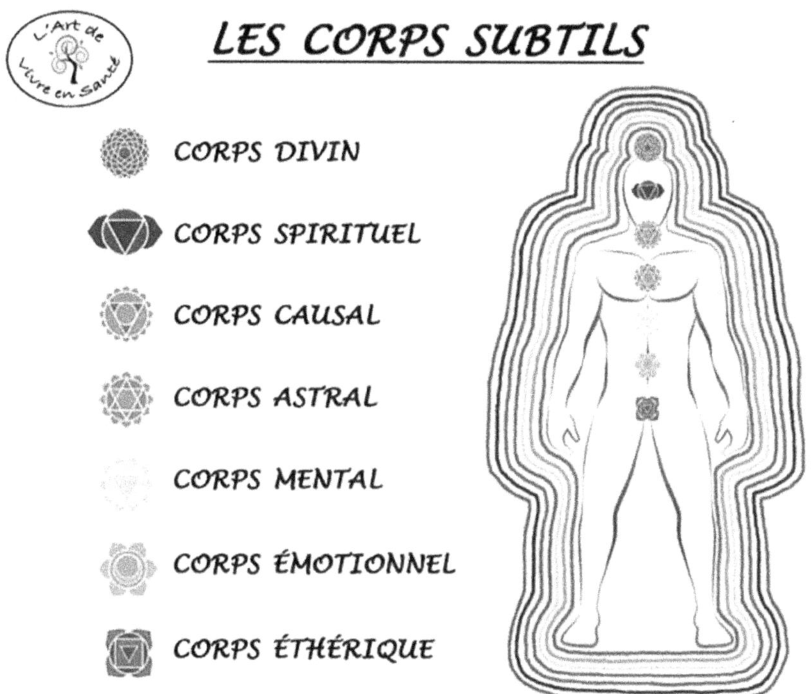

– Le corps mental : c'est le siège de la pensée, de l'imagination, du raisonnement, de l'inné et de l'acquis. Il est la transition entre le plan de matière et ceux de l'esprit.

– Le corps mental est un des corps subtils dont parlent certaines écoles ésotériques occidentales, au-dessus du corps physique, du corps éthérique, du corps astral, mais au-dessous du corps causal.

– Le corps mental est le troisième des 7 corps subtils.

Manifestations ?

Quels phénomènes ou quelles expériences attesteraient l'existence d'un « **corps mental** », distinct du cerveau, de la pensée ?

▶ **Les formes-pensées**. Il se crée des pensées qui ont une existence autonome, par exemple les idées fixes, les obsessions, les mentalités. Le corps mental sert l'intelligence pour les idées concrètes, **les images du rêve**. Selon les théosophistes (Helena Blavatsky, Charles Leadbeater) et les anthroposophes (Rudolf Steiner), les images oniriques proviennent du corps mental.

▶ **La possession**

▶ **Les maladies mentales**. À suivre Valéry Sanfo, « beaucoup de troubles psychiques découlent d'un mauvais emploi du corps mental. Déjà, les névroses présentent un déséquilibre entre le corps astral et le corps mental. »

▶ **Le cerveau et la moelle épinière** seraient les sièges du corps mental, de sorte que leur santé renseignerait sur l'état du corps mental.

Référence site web : Dictionnaire le Parisien

Le « **corps spirituel** » : c'est la conscience d'être unifié, en lien avec tout ce qui existe.

Quand nous parvenons à ce point d'existence, nous sentons que nous sommes connectés à tout l'Univers. Nous voyons la lumière et l'amour dans tout ce qui existe.

Les Endorphines 167

▶ Les **endorphines** sont des hormones naturelles que votre cerveau produit quand il ressent le bonheur. Ces endorphines vous donnent un sentiment de bonheur, de satisfaction et de bien-être. C'est cette sensation d'être détendu que vous éprouvez après un bon repas, un bon entraînement physique, un bon rire ou un moment de partage sexuel intense.

▶ Les **endorphines** sont produites par **l'hypophyse** et **l'hypothalamus** et libèrent une sécrétion de type opioïde, dont les effets seraient proches des effets ressentis avec l'opium, qui masque la douleur avec un analgésique naturel et transmet à votre corps que tout va bien dans le monde. Il a été constaté que l'acupuncture a cette capacité de libérer ces composés et ainsi soulager la douleur, du moins à court terme, et vous laisse avec un sentiment merveilleux de bien-être.

▶ Le sport, le bonheur extrême, la bonne nourriture et l'orgasme libèrent des **endorphines naturelles**, ce sont elles qui font que vous vous sentez heureux et satisfait de la vie.

Référence site web : Le Journal des Femmes, Santé/Médecine.net

ACTIONS BÉNÉFIQUES DES ENDORPHINES

– Diminution de la douleur (analgésie)

– Diminution de la fréquence respiratoire

– Réponse au stress (bien-être)

– Diminution de l'appétit

– Joue un rôle dans la thermorégulation (régulation de la température corporelle)

– Stimule la production de dopamine qui intervient dans le phénomène de récompense et dans certaines sensations de plaisir

– Possède un effet antidépresseur

– Joue un rôle dans l'humeur

FACTEURS MODIFIANT LA PRODUCTION D'ENDORPHINES :

Facteurs augmentant leur production

– La douleur

– Le stress

– Le sport (trente minutes/jour multiplient par cinq la production d'endorphines)

– Faire l'amour (multiplie par cinq la production d'endorphines)

– La satisfaction

– Les massages

– L'acupuncture

– La psychothérapie

Facteurs diminuant leur production :

– L'immobilisation

– La dénutrition

– La douleur chronique par un effet d'épuisement (fibromyalgie)

– La dépression

Référence site web : Vulgaris-Médical.com

EFFET EUPHORIQUE DE L'ENDORPHINE :

Beaucoup de sportifs qualifient l'endorphine de drogue naturelle. La pratique qui permet de ressentir la montée d'endorphine la plus importante est le sport. Certains sportifs seraient donc de véritables toxicomanes.

Le gros avantage de l'endorphine est qu'il n'existe aucun effet négatif sinon que tu risques d'énerver ton entourage en étant toujours de bonne humeur !

Référence site web : Espace-Musculation.com

QUELS SONT LES EFFETS DE LA SÉCRÉTION D'ENDORPHINES ?

L'endorphine possède des effets insoupçonnés sur le corps humain :

– Un état d'euphorie ;

– Un relaxant naturel ;

– Un puissant antidouleur ;

– Une solution contre la fatigue.

Référence site web : Fatigue-Chronique.net

VOICI 7 FAÇONS DE STIMULER LES ENDORPHINES :

– L'odeur de vanille ou de lavande

– Le chocolat noir

– Les aliments chauds et épicés

– Le sexe

– Le rire

– Le sport

– Les aliments riches en vitamine C

Référence site web : SantéPlusMag.com

La Sérotonine

1) **La sérotonine** est un messager chimique du système nerveux central, un neurotransmetteur, impliqué dans plusieurs fonctions physiologiques comme le sommeil, responsable de la stabilité digestive, l'humeur, les comportements alimentaires et sexuels, ainsi que dans la dépression.

Une étude réalisée en 2019 a révélé que les personnes atteintes de dépression présentaient souvent de faibles taux de sérotonine.

Un déficit en sérotonine a également été associé à l'anxiété et à l'insomnie.

2) **La sérotonine** a un impact sur chaque partie de votre corps, de vos émotions à votre motricité.

La sérotonine n'est pas utilisée seulement par le cerveau. Tous les principaux organes du corps (le cœur, les reins, les poumons, le foie) l'utilisent.

3) **La sérotonine et l'humeur.** Elle est un stabilisateur naturel de l'humeur.

C'est le produit chimique qui aide à dormir, à manger et à digérer. De faibles concentrations de ce produit chimique ont été associées à la dépression.

4) **La sérotonine aide également :**
– À réguler l'anxiété, le bonheur et l'humeur
– Réduire la dépression
– Soigner les blessures
– Combattre la nausée
– Maintenir la bonne santé des os.

La sérotonine aide à réguler naturellement votre humeur. Lorsque vos niveaux de sérotonine sont normaux, vous vous sentez :
– plus heureux
– plus calme
– plus concentré
– moins anxieux
– plus stable émotionnellement

5) **La sérotonine et l'activité physique** : la pratique régulière de l'activité physique augmente la sécrétion naturelle de sérotonine.

Référence site web : Wikipédia L'Encyclopédie Libre

<u>Sauna : comparatif des types de saunas</u>166

On peut choisir parmi différents types de saunas, selon l'énergie utilisée.

Il existe le sauna traditionnel chauffé au bois ou au gaz, le sauna électrique et le sauna infrarouge.

Sauna Traditionnel vue extérieure

Sauna Traditionnel chauffé au bois

Sauna Traditionnel chauffé au bois

Sauna électrique/Arrosage des pierres

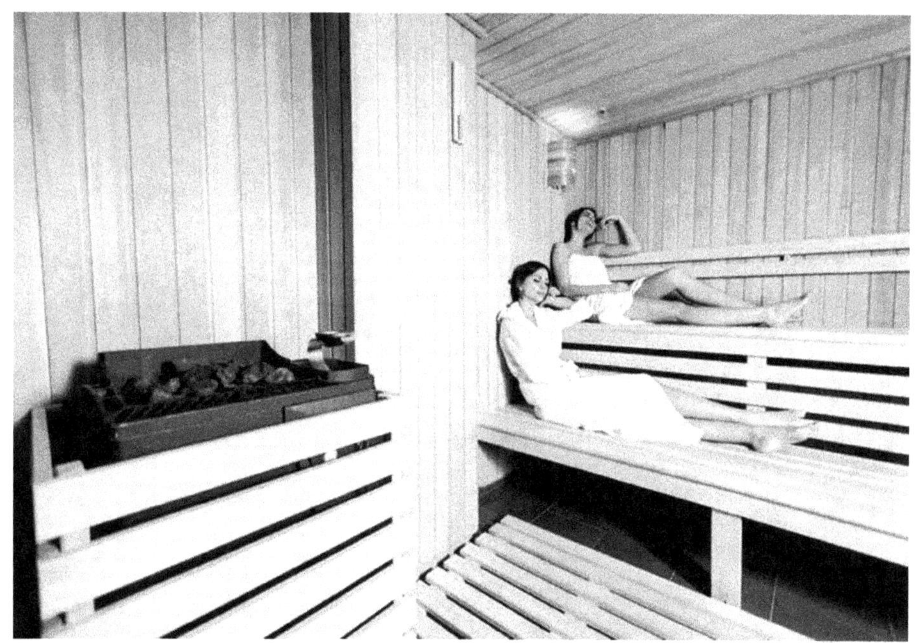

Sauna électrique/Arrosage des pierres

Sauna infrarouge vue intérieure

Sauna infrarouge vue extérieure

Bibliographie

2 600 000 copies vendues à travers le monde !... en vingt-deux langues.

Bourbeau, Lise. (Septembre 2000), Les Éditions E.T.C. Inc.

Les 5 blessures qui empêchent d'ÊTRE soi-même

Le rejet, l'abandon, l'humiliation, la trahison et l'injustice : cinq blessures fondamentales à l'origine de nos maux qu'ils soient physiques, émotionnels ou mentaux.

Lise BOURBEAU, auteure de nombreux best-sellers vendus dans le monde entier à plus de huit millions d'exemplaires, est la fondatrice des Éditions E.T.C. Inc. – Écoute Ton Corps. L'École de Vie « **Écoute Ton Corps International** » est la plus grande école de développement personnel au Québec. Ses livres (vingt-sept), tous des best-sellers, sont traduits en plusieurs langues (vingt-six) : en français, en anglais, chinois, coréen, espagnol, allemand, italien, russe, portugais, japonais, grec, croate, lituanien, roumain, polonais, bulgare, estonien, suédois, slovaque, néerlandais, tchèque, turc, hongrois et autres, et sont distribués à travers trente-quatre pays d'Europe et d'Asie, ainsi qu'au Canada.

Auteure de dix-sept livres, Directrice de « L'École internationale des Rêves », fondée en 1992, et Conférencière internationale.

Référence site Web Art de Rêver.

À propos de l'auteure

Préoccupée par son désir de contribuer au mieux-être et à la qualité de vie des gens au quotidien, Marie-Josée Laquerre s'intéresse au domaine de la santé et du mieux-être depuis les vingt-cinq dernières années.

Riche d'une expérience de dix-huit ans, en tant que propriétaire de **Centre de Santé/Spa (en Balnéothérapie, Massothérapie et Traitements santé)**, Marie-Josée poursuit maintenant sa passion de faire connaître ses « **Coups de Cœur Santé** » par ses posts sur les réseaux sociaux ainsi que sur son site web **L'art de vivre en santé.com.**

Son objectif est de transmettre l'ensemble de ses meilleures découvertes santé et produits thérapeutiques, qui ont fait leurs preuves dans sa propre vie.

Professeure de Yoga, certifiée TTC International, elle donne des enseignements lors de week-ends de Ressourcement et Retraites de Yoga/Tao. C'est en Guadeloupe, en 1996, qu'elle a enseigné ses premiers ateliers de Tao (techniques de stimulation de l'énergie vitale) alors qu'elle y ouvrait son premier Centre de Santé/Spa en Balnéothérapie et Massothérapie.

Passionnée par la science des chiffres, c'est à l'Université Laval de Québec qu'elle complète sa formation pour devenir **Numérologue Professionnelle**. Depuis ce jour, elle continue d'exercer en consultations privées et d'être une référence dans le domaine.

C'est à cette même Université qu'elle a fait ses études **universitaires en Communications et Psychologie**.

De plus, elle a suivi une formation complète de trois ans en **développement personnel et métaphysique** (relation d'aide et causes des malaises et maladies). Ce qui lui procure la facilité et l'expertise nécessaires lors de ses consultations en relation d'aide.

Pendant plusieurs années, elle a transmis et partagé ses connaissances multidisciplinaires sur la santé et le mieux-être, à travers les médias écrits tels les journaux et revues santé.

À cet effet, on peut aussi l'entendre à la section radio du site Web : **L'art de vivre en santé.com** sur l'émission radiophonique « **Les Coups de Cœur de Marie-Jo** ».

« Investigatrice-santé », elle a toujours été curieuse de découvrir et d'apprendre les manières les plus efficaces pour prendre soin de soi. Ce qui est devenu une « **Mission de vie** » dans le but de les expérimenter et, ensuite, les partager. Elle se fait un devoir de tester et de communiquer ses expériences acquises au fil des ans sur « l'Art de vivre en santé ».

Son intention est de contribuer à la qualité de vie des gens, motivée par le don de soi et les gestes de dévouement envers son prochain.

Sa bienveillante bonté humaine a été récompensée par **la Gouverneure générale du Canada**, madame Adrienne Clarkson, qui lui a décerné une **Mention d'Honneur** pour **Acte de Bravoure**, après qu'elle a sauvé un homme de la noyade.

À la suite de cet événement marquant, créer son quotidien avec joie et amour est devenu sa priorité, ce qu'elle appelle affectueusement sa petite « **PME de Bonheur** » !

Surmonter une épreuve difficile et rebondir face à l'adversité a engendré une transformation bénéfique dans sa vie. Un apprentissage qui lui a démontré que « **L'Amour triomphe de tout** ».

Selon l'auteure, le meilleur guide du **« Bonheur au quotidien »** est tout juste là, **en Nous** !

Comme elle le dit :

« Choisir son "CŒUR" c'est choisir d'ÊTRE HEUREUX ! »

Remerciements

Depuis les tout débuts de la rédaction de ce livre, la « **Connexion du Cœur** », je me sens personnellement reconnaissante pour la concrétisation de ce projet et j'éprouve une immense gratitude pour ce grand cadeau de la Vie. C'est avec beaucoup d'enthousiasme que je dis : « **Merci la Vie !** »… qui étrangement, au départ, était le premier titre de ce livre !

Même si j'ai trouvé ce processus long et exhaustif, j'ai adoré toutes les étapes de création d'un manuscrit. J'ai beaucoup appris dans un domaine qui ne m'était pas du tout familier, m'obligeant à sortir de ma zone de confort.

Ce livre m'a été d'un grand secours pour m'aider à passer à travers les aléas de la Vie, mettre un baume sur plusieurs grands chagrins, blessures et pertes ainsi que pour faciliter une nouvelle direction et réalisation de vie.

Je ne peux passer sous silence certaines personnes remarquables de mon entourage qui ont toutes été témoins de cette « **Transition de Vie** ».

Merci à ma douce moitié, à « l'homme de ma vie », mon amoureux Michel qui a été d'une présence incommensurable pour me soutenir quotidiennement dans toutes mes démarches, en m'appuyant continuellement afin que ma détermination ne baisse pas d'un cran et pour que je puisse atteindre mes objectifs de réalisation. « Merci, mon tendre amour, tu es vraiment un homme de cœur ! »

Je tiens aussi à remercier sincèrement ma famille immédiate, ma mère Aline Laquerre et ma sœur Manon, mes bonnes amies et connaissances proches, qui ont toutes et tous été d'un support inconditionnel.

Des personnes aimantes, qui ont été à l'écoute et présentes pour moi tout au long du déroulement de ces étapes de transition.

Merci du fond du cœur à ma grande sœur Manon Laquerre pour la correction et la révision de ce livre. Je me suis sentie épaulée tout au long de ce projet par sa douce présence encourageante, sa grande disponibilité, son sens analytique développé, ses commentaires pertinents, sa minutie pour les multiples détails de ponctuation, de mise en page ainsi que ses remarquables compétences littéraires et grammaticales. « Merci, ma sœur d'amour, je t'aime ! »

Et Merci à vous, chers lecteurs, d'avoir pris le temps de lire ce livre et de le partager, si le cœur vous en dit… Plus nous serons « d'être humains » à vivre en synchronicité la « **Connexion du Cœur** », et plus il fera bon vivre dans le respect et l'amour sur cette planète Terre !

Marie-Josée Laquerre

Table des matières

9 782370 117601